池上 彰
Akira Ikegami

歴史で読み解く！
世界情勢のきほん 中東編

ポプラ新書
269

はじめに

かつて中東は、日本にとって遠い存在でした。「砂漠とラクダ」というイメージだったのです。いまのように中東まで飛ぶ直行便もありませんでした。エキゾチックな香りがする地域でした。

ところが1973年に起きた第四次中東戦争が認識を変えました。戦争が勃発すると、中東のアラブ産油国は「イスラエル寄りの国には石油を売らない。アラブの味方をする国には石油を売るが、ただし売り値は上げる」という方針を決めたのです。さあ、日本は大騒ぎです。私たちの暮らしに欠かせない石油や天然ガスなどのエネルギーは、中東各国からの輸入に頼っていたからです。これが「オイルショック」でした。

日本政府は国民に石油や電気の節約を呼びかけます。ガソリンスタンドで給油できるガソリンの量は制限され、繁華街の夜のネオンサインは消されました。NHKも民放各局も深夜放送を中止。トイレットペーパー騒動も起きました。スーパーマーケットのトイレットペーパー売り場に大勢の人が詰めかけパニックになっている映像を見た人もいるでしょう。

ただし、中東の石油とトイレットペーパーは直接の関係はなかったのです。これを経済学では「予言の自己実現」と呼びます。「トイレットペーパーがなくなる」という予言の結果、大勢の人が確保に走り、結果として「予言」が実現してしまったのです。

ただし、そこには当時の日本の状況がありました。貧しかった日本も都市部でようやく下水道が整備され、水洗トイレを導入した家庭が増えていたのです。水に溶けるトイレットペーパーがないとトイレが使えない。そんな切羽詰まった思いを持った人たちがいたからです。

私はそのころ島根県のNHK松江放送局に勤務していました。水洗トイレは普及していませんでしたから、「トイレットペーパーが入手できないとどうしよう」という切迫感はなく、多くの人は「都会では何をしているんだか」と冷ややかに見ていたのです。

豊かになり始めた日本では、私たちの身の回りにプラスチック製品が急増していました。プラスチック製品は石油を精製したナフサから作られることを初めて知った人も多く、私たちの生活がいかに石油に頼っていたのかを思い知ったのです。

これ以降、日本政府は「石油に頼らない産業構造」への転換に舵を切り、全国に原子力発電所が建設されていくことになります。

オイルショックを機に、私たちは中東情勢が日本に大きな影響を与えることを知りました。中東情勢が日々のニュースで大きく伝えられるようになったのです。

また、多くの日本人にとっては無縁に思えていたイスラム教やユダヤ教に関する関心も高まるようになりました。

2023年10月以降、イスラエルがガザ地区のハマスを攻撃し、悲惨な映像が飛び込んでくると、いたたまれない気持ちになった人も多いと思います。さらにイスラエルは、北隣りのレバノンのイスラム教シーア派組織のヒズボラを攻撃。ヒズボラの後ろ盾になっているイランと対立し、「第五次中東戦争」の危機まで叫ばれるようになりました。

そうはいっても、まだ「中東は複雑で理解しにくい」と思っている人もいることでしょう。そこで本書では、それぞれの国の歴史的背景を解説しつつ、各国の主張を紹介します。

あなたが高校時代に習った（はずの）歴史の用語が、きっと有機的につながると思います。

歴史で読み解く！　世界情勢のきほん　中東編／目次

第2章　「世界はなぜ我々を助けてくれないのか」

犠牲者が増え続けるパレスチナ

第3章　「シーア派が正統なイスラム教だ」イスラム法学者が統治する中東の大国イラン

第4章 「アメリカの無知のために大きな被害を被った」

フセイン政権が崩壊して内戦となったイラク

第5章 「我々はアラブの王国だ」

大きく変貌する石油大国サウジアラビア

第6章　「優れた指導者がいれば独裁国家でも発展するのだ」

世界から投資を呼び込むUAE

● 米軍が駐留している場所（2024 年 8 月現在）
■ イランが支援するイスラム組織が活動している国や地域

参考：“Mapping the Growing U.S. Military Presence in the Middle East”
(Council on Foreign Relations)

中東および近隣諸国に駐留する米軍

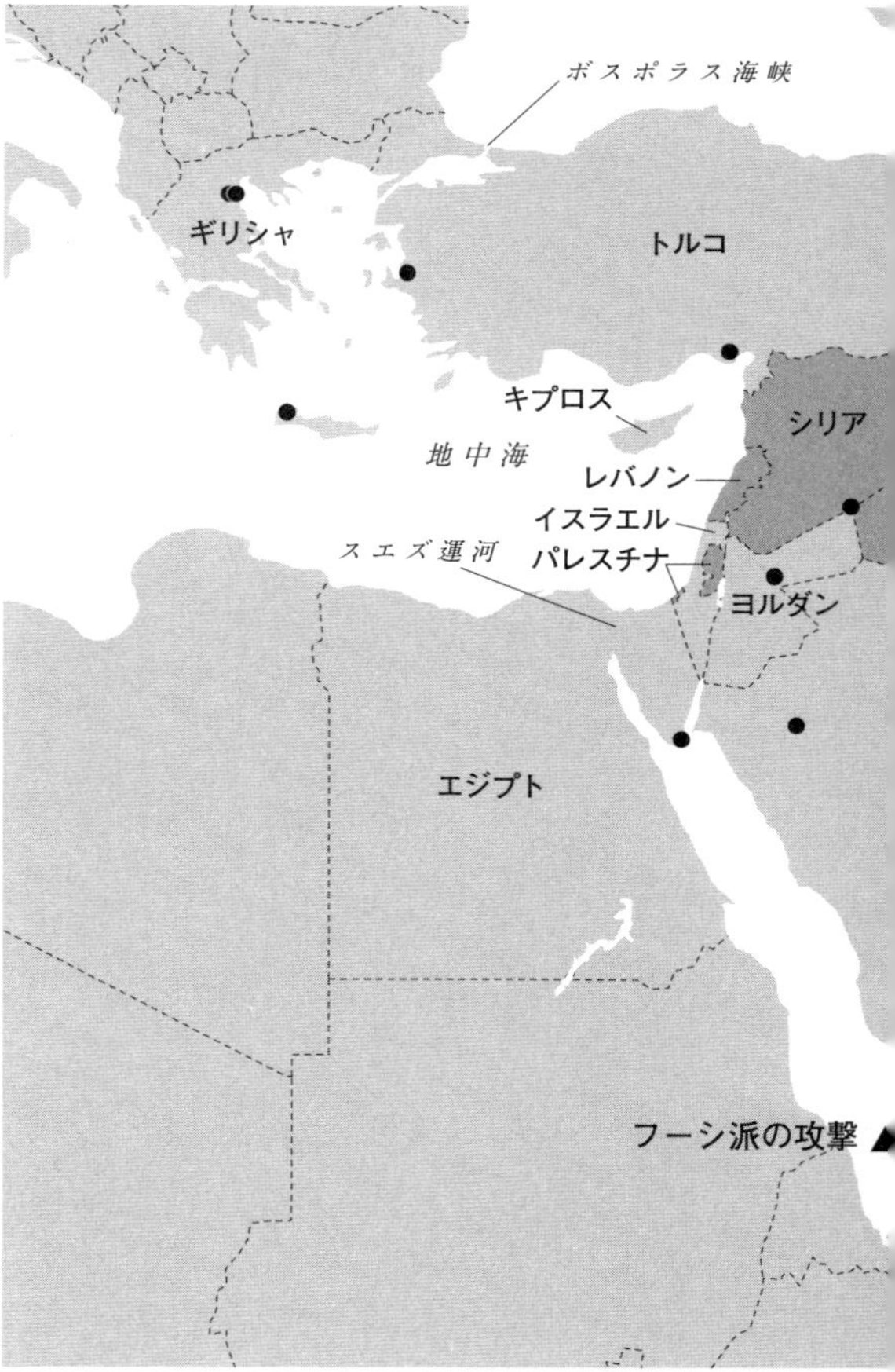

米軍は中東 10 か国以上に駐留。イランが支援するイスラム組織は、5 つの国や地域で活動している。イスラム組織の勢力を抑えようと、駐留する米軍の数は 2024 年には増えている。

第1章

「世界がどう言おうと、我々は自国を防衛する」

ユダヤ人の悲願で建国されたイスラエル

——我々は神から与えられた「約束の地」に自国を復活させた。
ユダヤ人が虐殺されていても、世界は助けてくれなかった。
だから、世界がどう言おうと、我々は我々の土地を守るのだ。

『アンネの日記』はユダヤ人としての自覚の書

ユダヤ人とはどんな人たちなのか。世界的ベストセラー『アンネの日記』を精読すると見えてきます。

この本は、迫害を恐れた少女の日記というイメージが強いですね。私も中学時代に初めて読んだときには、そんな印象を持ったのですが、改めて読み返すと、違った感想を持ちます。イスラエルを知るために、まずはこの本から取り上げましょう。

アンネ・フランクは、1929年6月、ドイツ・フランクフルトのユダヤ人家庭に生まれます。ニューヨークで株価の大暴落が起こり、世界恐慌へと進む時代でした。世界恐慌の結果、各国で失業率が高まり、人々の不安や不満が高まります。そんな流れの中、ドイツでヒトラーが政権を取ります。

ヒトラーは、人々の暮らし向きが悪化しているのはすべてユダヤ人のせいだと主張。ユダヤ人への迫害が始まります。

そこでアンネの父親は、家族を連れてオランダのアムステルダムに移住します。

ところが1940年、ドイツはオランダも占領。まもなくオランダでもユダヤ人への迫害が始まり、ユダヤ人たちは強制収容所に送られます。

1942年になって、アンネの姉マルゴットに呼び出し状が届いたことから、一家は潜伏を決意。父親が経営していたジャムの原料（ペクチン）の製造工場の事務所が入っていたビルの屋根裏部屋になっていた3階と4階を隠れ家にして生活を始めます。この場所は現在、「アンネ・フランクの家」という名称の博物館になっています。

アンネは、13歳の誕生日に両親からプレゼントされた日記帳を「キティー」と名付け、日々の生活や心の動きを綴っていきます。

アンネは将来、この日記に「後ろの家」という題名をつけて出版することを夢見ていました。実際に戦後、この題名で出版されました。『アンネの日記』というのは日本オリジナルの書籍名です。

隠れ家に入ったのは、アンネと両親、姉の計4人に、知人4人の合わせて8

人でした。息をひそめての生活は2年続きましたが、1944年8月、何者かの密告によって駆けつけたドイツ親衛隊とオランダ保安警察によって逮捕され、強制収容所に送られました。誰がアンネ一家を密告したのか。これはいまもミステリーで、多くの研究者が調査し、いろいろな仮説も発表されています。

8人のうち、終戦まで生き延びられたのはアンネの父親のオットー・フランクだけ。隠れ家に戻ってきた父親は、一家を匿《かくま》ってくれていた女性が発見・保管していた日記帳を受け取ります。これを読んだ父親は、母親との葛藤の記述や性的表現などを削除して出版。これが爆発的な人気を呼び、世界に広まりました。

しかし、これが、父親によって編集されていたものであることがわかると、「検閲」だという批判が高まります。このため1986年になってオリジナル版が出版されました。現在文藝春秋から出ている文庫は、オリジナル版にもとづく増補新訂版です。以下に引用するのも、同書からです。

オリジナル版の『アンネの日記』では、母親に対する反発や、性への目覚めなどが赤裸々な筆致で記されていますが、この本のポイントは、隠れ家生活をする中で、アンネが、自分がユダヤ人であることを自覚し、ユダヤ人として成長していく部分なのです。アンネは、こう書きます。

「わたしたちがこういったもろもろの苦難に堪え抜き、やがて戦争が終わったときにも、もしまだユダヤ人が生き残っていたならば、そのときこそユダヤ人は、破滅《はめつ》を運命づけられた民族としてではなく、世のお手本として称揚《しょうよう》されるでしょう。ことによると、世界じゅうの人びと、世界じゅうの民族が、わたしたちの信仰《しんこう》から良きものを学びとることさえあるかもしれません。そしてそのために、ただそのためにこそ、いまわたしたちは苦しまなくてはならない、そうも考えられます」

「わたしたちはつねにユダヤ人なのです。わたしたちはつねにユダヤ人であるしかなく、またそれを望んでもいるのです」

「神様はけっしてわたしたちユダヤ人を見捨てられたことはないのです。多くの時代を超《こ》えて、ユダヤ人は生きのびてきました。そのあいだずっと苦しんでこなくてはなりませんでしたが、同時にそれによって強くなることも覚えました。弱いものは狙《ねら》われます。けれども強いものは生き残り、けっして負けることはないのです！」

この本を読まれた方、こんな箇所があったことに気づかれたでしょうか。アンネ・フランクは、可憐な少女であったかも知れませんが、日記に向き合っているうちに、強きユダヤ人女性に成長していくのです。

アンネが予言したように、戦争が終わった後も、ユダヤ人たちは生き残りました。「世のお手本」となるべき国家イスラエルを建国しました。

建国後のイスラエルは、周辺のアラブ国家と幾たびの戦争を繰り返しながらも生き延びてきました。「強いものは生き残り、けっして負けることはない」国家を建設しようとしてきたのです。

『アンネの日記』を読んだ世界の人々は、アンネの、そしてユダヤ人の運命に同情し、イスラエル建国とその後の発展を支援してきました。アンネは、いまも多くのユダヤ人の心の中に生きているのです。

アンネは、逮捕される3か月前、日記にこう書いています。

「わたしの最大の望みは、将来ジャーナリストになり、やがては著名な作家になることです」

彼女の望みは叶えられたのです。

ユダヤ人差別の根拠は『新約聖書』

ユダヤ人が差別されることになった根拠はキリスト教の『新約聖書』にあります。たとえば「マタイによる福音書」の中には、イエスに対する死刑執行をためらうローマ帝国の総督ピラトに対し、集まったユダヤ人の群衆が「十字架につけろ」と言い、「その血の責任は、我々と子孫にある」と言ったと記述されています。イエス殺しの責任は、自分たちの子孫に及ぶことを認めているというのです。

また、イエスが処刑された後、キリスト教の教えを完成させたとされるパウロによる「テサロニケの信徒への手紙」の中には、次のような一節があります。

「ユダヤ人たちは、主イエスと預言者たちを殺したばかりでなく、わたしたちをも激しく迫害し、神に喜ばれることをせず、あらゆる人々に敵対し、（中略）いつも自分たちの罪をあふれんばかりに増やしているのです。しかし、神の怒りは余すところなく彼らの上に臨みます」（『聖書 新共同訳』）

この記述が根拠になってユダヤ人たちはキリスト教社会で差別されることになります。

かつてパレスチナ地方で暮らしていたユダヤ人たちは、イエスの処刑後、自分たちを支配しているローマ帝国に反旗を翻《ひるがえ》し、独立運動に立ち上がりますが（ユダヤ戦争）、敗北し、エルサレムにあったユダヤ教の神殿は破壊されます。ユダヤ人たちはエルサレムに住むことが認められず、追放されました。これが「大離散（ディアスポラ）」です。ヨーロッパに移り住んだユダヤ人たちは、キリスト教社会で迫害されるのです。

では、そもそも「ユダヤ人」とは何か。端的に言えば、ユダヤ教を信じている人たちのことです。ユダヤ教への思いは人により濃淡がありますが、ユダヤ教徒の母親から生まれた人は自動的にユダヤ人とされます。

つまりは信じる宗教によるものなのですが、ヨーロッパのキリスト教社会では、ユダヤ人が民族として特別視され、差別の対象となったのです。

考えてみると、イエスもユダヤ人として生まれたのですから、ユダヤ人がキリスト教徒から迫害を受けるのはおかしなことなのですが、『新約聖書』の記述が理由だったのです。

ちなみに『新約聖書』あるいは『旧約聖書』とはどういうものかは、後ほど取り上げます。

ペストの流行がユダヤ人虐殺に

ユダヤ人への迫害はヨーロッパでたびたび起きます。とりわけ14世紀にヨーロッパで流行したペストをめぐって虐殺が起きました。ペストにかかると末期には全身で内出血が起き、身体中が黒くなることから「黒死病」と恐れられました。

いまでこそ原因はネズミに取りつくペスト菌であることがわかっていますが、当時は原因不明のまま多くの人を恐怖に陥れました。実体がよくわからない感染症が流行するとデマが拡散します。2020年に世界で新型コロナウイルスによる感染が拡大すると、さまざまなデマが飛び交いました。現代ですらそうなのですから、当時のデマは深刻でした。「ユダヤ人が井戸に毒を入れたからだ」というデマが拡散し、多くのユダヤ人が虐殺されたのです。

反ユダヤ主義を象徴するドレフュス事件

ヨーロッパで差別を受けていたユダヤ人たちが、かつての祖国に戻ろうという運動を始めるきっかけとなったのが、「ドレフュス事件」でした。世界史の教科書に登場する、この事件はどんなものだったのか。

1894年、フランス軍の大尉でユダヤ人のドレフュスが、ドイツのスパイの嫌疑を受けます。本人は無罪を訴えますが、軍法会議（一般の裁判ではなく軍内部の裁判。軍人が裁判長を務める）で有罪が言い渡されます。監獄島での終身刑です。

しかし、かつてドレフュスを上官として指導したことのあるピカール中佐は、防諜《ぼうちょう》担当者つまりスパイを摘発する立場に就任すると、ドレフュス大尉の有罪の証拠とされた文書が、別人によって書かれたことを示す証拠を入手します。

ドレフュスは無罪で、真犯人のスパイは別にいる。衝撃を受けたピカール中佐は、ドレフュスの再審を請求しようとしますが、軍の幹部は、自分たちの過ちが明らかになるのを恐れ、再審請求を認めようとしません。それどころかピカール中佐を逮捕してしまうのです。

この不正を知った作家のエミール・ゾラは、新聞に「私は弾劾《だんがい》する」というタイトルで軍の不正を告発します。すると、ゾラも名誉棄損で有罪になってしまうのです。

ドレフュスを擁護したり、ゾラを弁護したりすると、「金持ちのユダヤ人に買収されたのか」と非難されます。これが、「自由・博愛・平等」のはずのフランスの実態でした。フランスにも反ユダヤ主義が根強かったのです。

その後、ドレフュスやピカール中佐を有罪に追い込んだ軍幹部の部下の証拠の捏造《ねつぞう》が明らかになり、ピカール中佐は釈放されます。ドレフュスは罪が軽減されますが、有罪判決は覆《くつがえ》りませんでした。しかし、やがてドレフュスは恩赦を受けて釈放。その後、ようやく無罪が確定します。

エルサレムに帰ろうという「シオニズム」運動

この様子を、衝撃をもって受け止めたのが、ハンガリー出身で、ジャーナリストとしてパリに滞在していたテオドール・ヘルツルでした。彼もユダヤ人。彼は、ヨーロッパにはユダヤ人の安住の地がないと絶望し、かつてユダヤ人の王国があったエルサレムの「シオンの丘」に帰ろうという運動を起こします。これが「シオニズム」です。

「シオンの丘」は、ユダヤ教の神殿があった「神殿の丘」を見渡せる場所にある丘の名前ですが、エルサレムの別名になります。

ヘルツルの奮闘により1897年、スイスのバーゼルで第1回シオニスト会議が開催されます。会議には各国からの代表200人が参加しました。ただ、ヘルツル自身は「ユダヤ人国家」の設立を見ることなく1904年に死去します。

しかし、やがてナチスドイツのヒトラーが第二次世界大戦でユダヤ人虐殺を実行します。実に600万人もの犠牲者が出たのです。

この悲劇を受けて大戦後、シオニズム運動が高まり、イスラエルが建国されます。ヘルツルは一時イスラエルの紙幣の肖像にも採用されました。

こうして見ると、ドレフュス事件は、やがてイスラエル建国へとつながっていく重大な事件なのです。

実はいまもフランスには反ユダヤ主義の底流が流れています。根強い反ユダヤ主義の存在と、それにも関わらず正義を貫いたピカール中佐。フランスという国家の陰と陽を見る事件でもありました。

中東問題を複雑にしたイギリスの三枚舌外交

中東問題を語るとき、必ず取り上げられるのが、第一次世界大戦中にイギリスが行った三枚舌外交です。

当時のイギリスは、中東地域を支配していたオスマン帝国を切り崩すために、三枚舌を使います。まず帝国内のアラブ人には「オスマン帝国が崩壊したら、ここをアラブ人の土地として認める」と約束します（「マクマホン書簡」）。

約束をエサに、オスマン帝国の中でアラブ人の反乱を引き起こそうと考えたのです。このときイギリスから送り込まれたのが、アラブ情勢に詳しい陸軍将校トーマス・エドワード・ロレンス。ロレンスの活躍はハリウッド映画「アラビアのロレンス」になりました。

一方、ユダヤ人たちには「戦争が終わったら、ここにユダヤ人のナショナルホームを作ることを認める」と約束します（「バルフォア宣言」）。

戦争をするためにユダヤ人富豪の資金が欲しかったのです。ユダヤ人たちは「ユダヤ人国家の建設が保証された」と解釈しますが、「ナショナルホーム」とは微妙な表現です。イギリスにしてみれば、「国家とは言っていない」と、後で何とでも言い逃れができる言い方でした。

さらに、フランスとの間でも秘密協定を結びます。オスマン帝国崩壊後、領土を山分けしようという約束です。当初の協定を結んだ当事者の名前から「サイクス・ピコ協定」といいます。当初の協定にはロシアも入っていましたが、協定を結んだ翌年の1917年、ロシア革命が起きてレーニンが秘密協定を暴露。ロシアは抜けましたが、これによって第一次世界大戦後、イラクやクウェートはイギリスの勢力圏に、現在のシリアやレバノンはフランスの支配下におかれました。

こうしたイギリスの勝手な外交によって、中東にはアラブ人国家の「トランスヨルダン」（現在のヨルダン）が成立する一方、ヨーロッパで差別に苦しんでいたユダヤ人たちが、かつてユダヤの王国があったパレスチナへの帰還を始めます。

国連による「パレスチナ分割決議」

第一次世界大戦でオスマン帝国を破った後、イギリスはパレスチナ地方を委任統治領とします。「委任統治」というのは帝国主義列強の勝手な理屈で、「独立国家」となるだけの能力を獲得していない地域を、独立を果たすまでに成熟する間、国際連盟の「委任」を受けて「統治」するというものでした。要は植民地支配です。

しかし、イギリスの三枚舌外交によってユダヤ人たちが移住してくると、先住民のアラブ人（パレスチナ人）との間で衝突が起きるようになります。

さらにユダヤ人国家を建国したいと考えたユダヤ人過激派は、統治しているイギリスを標的にテロ攻撃をするようになります。

この対処に苦慮したイギリスは、パレスチナ放棄を決意。第二次世界大戦後に誕生したばかりの国際連合に対処を丸投げしました。

これを受けて国際連合の総会は１９４７年11月、パレスチナを分割して、ユダヤ人とパレスチナ人の二つの国家を建設し、聖地エルサレムを国際管理下におくという決議を採択します。これが「パレスチナ分割決議」です。エルサレムはユダヤ教、キリスト教、イスラム教の3つの宗教の聖地であるため、どの国のものにもしないという判断でした。

この分割案は、パレスチナの全人口197万人中の約3分の1の60万人にすぎないユダヤ人に、パレスチナの56・5％を与えるもので、ユダヤ人にとって有利なものでした。ユダヤ人にとってみれば、念願の国家建設につながるものでしたから、国連の現地調査に全面的に協力し、自分たちに有利なように誘導したのです。

一方、アラブ人にしてみれば、自分たちの土地に異民族・異教徒の国家を建設する計画でしたから、調査への協力を拒否しました。国連での分割決議に対し、1945年に結成されたばかりの「アラブ連盟」（当時の加盟国はエジプト、シリア、イラク、ヨルダン、レバノン、サウジアラビア、イエメンの7か国）は反対しましたが、賛成33、反対13、棄権10で可決されました。

イスラエルとパレスチナ　占領の変遷

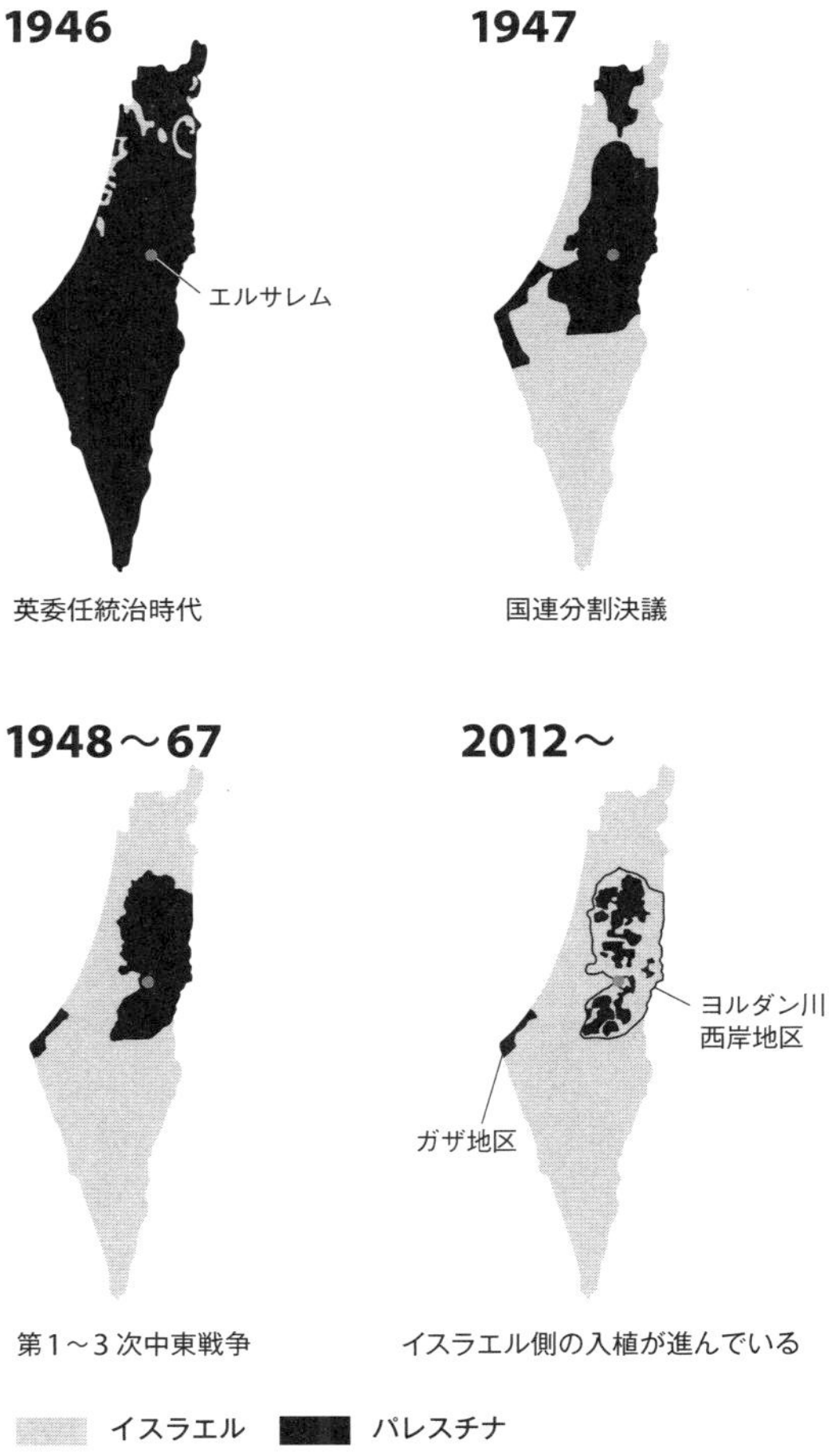

参考：朝日新聞デジタル（2023年11月8日）

4回にわたる中東戦争

国連決議にもとづき、1948年5月14日、イスラエルは地中海沿いの都市テルアビブで建国を宣言しました。かつて存在していた「イスラエル」の名称を復活させたのです。

イスラエルという名称はヘブライ語で「神が支配する」などの意味があります。『旧約聖書』に登場するユダヤ人の祖先ヤコブの改名後の名前でもあります。

イスラエルが建国を宣言すると、その翌日、アラブ連盟軍が一斉に侵攻。第一次中東戦争が勃発しました。

イスラエルは事前に侵攻を予測し、軍備を整えていたため、攻撃を撃退します。侵攻した側のアラブ連盟軍は、統制がとれておらず、それぞれ勝手に行動していました。しかも兵士たちは馬に乗っての原始的な攻撃が主でしたから、戦車やトラックを所有していたイスラエル軍には太刀打ちできませんでした。

こうしてイスラエルは、国連が決議した「ユダヤ人の国」より広い面積を占領します。

一方、ヨルダン川西岸地区はヨルダンが、ガザ地区はエジプトが占領します。この戦争で住む場所を失ったパレスチナ難民たちは、同じアラブ人が占領した二つの地区に逃げ込み、多くの難民キャンプが作られました。キャンプとはいってもテント張りではなく、時間が経つにつれ、恒久的なコンクリート製の建物が建ち並ぶ街が形成されたのです。

このとき大勢の難民が逃げ込んだヨルダン川西岸地区とガザ地区が、その後の「オスロ合意」によって、パレスチナ自治区に指定されることになります。

また、国際管理都市に指定されていたエルサレムは、神殿の丘がある旧市街(東エルサレム)はヨルダンが占領し、新市街の西エルサレムはイスラエルが占領しました。地図上では緑の線で分割され、「グリーンライン」と呼ばれました。エルサレムは分割されてしまったのです。

イスラエル、エルサレム全域を占領

このようにエルサレムは分割されますが、1967年の第三次中東戦争で、イスラエルはヨルダン軍を追い出し、エルサレム全域を占領。エルサレムを「分割することのできない永遠の首都」だと宣言します。

しかし、これは国連決議に反する行為です。そこで日本を含む世界各国は、これを認めず、大使館をエルサレムではなく、テルアビブに置いたままにしてきました。大使館は相手の国の首都に置くものだからです。

また、イスラエル建国で土地を追われたパレスチナ人たちは、将来、東エルサレムを首都にしたパレスチナ国家を建設したいと考えていますから、イスラエルのエルサレム首都宣言を認めていません。

ところが2018年5月、アメリカのトランプ大統領は、アメリカ大使館をテルアビブからエルサレムに移してしまいます。

歴代のアメリカの大統領は、中東紛争を解決するため、イスラエルとパレスチナの双方に自重を求め、仲介策を模索してきました。いわば試合のレフェリー役を演じてきたので、大使館のエルサレム移転を先送りしてきました。しかしトランプ大統領はその配慮を無視。イスラエル側に一方的に肩入れしたのです。

パレスチナ難民の発生

第一次中東戦争で多数のパレスチナ難民が発生しました。1949年の国連報告によると70万人ないし90万人に達しています。一方で、イスラエル国内に留まったアラブ人も約70万人いて、彼らとその子孫にはイスラエルの国籍が与えられています。

その後も戦争は続き、全体で4回の戦争でイスラエルはパレスチナ全域を占領します。その結果、パレスチナ難民は増え続けます。その子孫も難民になるため、現在の総数は600万人近くになっています。

イスラエルによってパレスチナが占領されたことに対して、反イスラエルの組織PLO(パレスチナ解放機構)が生まれ、イスラエルとの戦闘が頻繁に起こるようになります。パレスチナ側がイスラエルを攻撃すると、イスラエルは必ず反撃。悲惨な状態が続いています。彼らの窮状については、第2章で詳しく取り上げます。

世界を驚かせた「オスロ合意」

反イスラエルのテロとイスラエルによる報復。悲惨な状況が伝えられると、中東問題を何としても解決しなければならないという機運が世界で高まります。とりわけ世界の世論を動かしたのは、「インティファーダ」でした。インティファーダとはアラビア語で「抵抗」ないし「蜂起」を意味します。

きっかけは交通事故でした。1987年12月、イスラエルが占領していたガザ地区でイスラエル人が運転するトラックとパレスチナ人が運転する自動車が衝突事故を起こし、パレスチナ人4人が死亡したことから、パレスチナ人たちの怒りが爆発します。当時のパレスチナ人たちは武器を持っておらず、投石でイスラエル軍に立ち向かいました。

当初イスラエル軍はゴム弾の発射で制圧しようとしますが、後には実弾も使うようになり、パレスチナ人の死者は1000人を超えました。

投石する子どもたちに発砲するイスラエル軍の映像は世界に衝撃を与えました。世界がパレスチナに同情する中で、乗り出したのが北欧のノルウェーでした。きっかけはイスラエルの政権交代でした。

イスラエルの政界は、パレスチナ人との交渉を拒否する右派と、パレスチナ人との共存を模索する左派という対立構造があります。

当時のイスラエルは右派の「リクード」（ヘブライ語で「団結」）政権によるパレスチナに対する強硬策が不評で、1992年の総選挙で左派の労働党が政権を握ります。新たに首相となったラビン氏は、かねてから親交のあったノルウェーのホルスト外相に仲介を求め、首都オスロでPLOとの秘密交渉を開始することに踏み切ります。

中東から遠く離れたオスロ郊外で、イスラエル政府とPLOとの秘密交渉の結果、1993年9月、合意に達します。これが「オスロ合意」です。中東問題に関して、初めての実効性のある合意の発表は世界を驚かせました。私も、まさかこんなことが実現するとはと、感激したことを覚えています。

合意がまとまると、交渉に関与していなかったアメリカのクリントン大統領が証人として立ち会うと言い出し、ホワイトハウスでイスラエルのラビン首相とパレスチナのアラファトＰＬＯ議長が握手。パレスチナ暫定自治に関する原則宣言に調印しました。

しかし、これで問題が解決したわけではありません。今後も交渉を続けることを前提に5年間の暫定自治が決まったのです。

「オスロ合意」の意義とは

「オスロ合意」の意義は、イスラエルとパレスチナが初めて相互に相手の存在を認めたことです。それまでイスラエルはＰＬＯを「テロ組織」とみなしてきましたが、初めてパレスチナ人を代表する組織と認めたのです。ＰＬＯも、イスラエルを国家として承認しました。

1993年9月、暫定自治宣言の調印式で握手するイスラエルのラビン首相(左)とPLOのアラファト議長(右)。中央はクリントン米大統領。(ロイター=共同)

その上でイスラエルが占領していた「ヨルダン川西岸地区」（三重県と同程度の面積）と「ガザ地区」（種子島と同程度の面積）から撤退し、そこにパレスチナ人が自治政府を作ることを承認。恒久的な和平交渉に入ることに合意したのです。画期的な合意でした。

しかし、双方の中に合意に反対する勢力がありました。イスラエル国内には、ユダヤ原理主義の勢力があり、「神から与えられたパレスチナの土地はすべてイスラエルのものだ」と考え、パレスチナに融和的な労働党を敵視しています。

一方、パレスチナの側にもアラファトの属するPLO主流派の「ファタハ」に対し、イスラム原理主義の立場から「イスラム教徒の住む土地を占領した異教徒と戦うことは聖戦（ジハード）である」と考える「ハマス」や「イスラム聖戦」の存在がありました。

そうした中、1995年11月、イスラエルのラビン首相はユダヤ教過激派の若者によって暗殺されてしまいます。イスラエルの政治家にとって、パレスチナへの妥協は命がけのものになってしまうのです。

「暫定自治」始まる

オスロ合意にもとづき、それまでチュニジアに逃げていたPLOのアラファト議長がパレスチナ自治区に入り、1996年1月、パレスチナ人による選挙が実施されました。パレスチナ自治区の大統領に相当する「パレスチナ統治機構議長」は、住民の投票の結果、アラファトが就任します。

一方、議会に相当する立法評議会は132人の議員が選出されました。議員の約7割は穏健派のファタハのメンバーでした。

パレスチナでの暫定自治が始まったとはいえ、ヨルダン川西岸は、3種類の地域に分割されました。A地区は自治政府が治安と行政の両方に責任を持つ。B地区は自治政府が行政に責任を持つが、治安に関してはイスラエルが優越する。C地区は行政と治安の双方をイスラエルが責任を負うというものです。当初の予定は、イスラエルが少しずつパレスチナ自治政府に権限を委譲することになっていましたが、たび重なる紛争で停滞しています。

ネタニヤフ政権誕生で和平交渉停滞

オスロ合意の施行《しこう》が遅延する中で、1996年5月、右派「リクード」のネタニヤフが首相に就任します。するとネタニヤフは、パレスチナ自治区にユダヤ人が入植することを容認します。「パレスチナ全域がイスラエルのものだ」と主張するユダヤ原理主義者たちが、勝手にパレスチナ自治区の中に入植地（住宅）を建設してしまうのです。これにパレスチナ人が怒ると、イスラエル軍が「イスラエル国民を守る」という名目で入植地を警護します。こうしてパレスチナ自治区の中に虫食いのようにユダヤ人が住み着くようになります。

こうなると、パレスチナ側も黙っていません。ハマスは、イスラエル国内で自爆テロを繰り広げるようになります。私たちは「自爆テロ」という用語を使いますが、彼らは「殉教攻撃」と呼びます。イスラム教徒は自殺が許されていませんから「自爆」はダメなのです。でも、イスラムの土地を不法に占領しているイスラエルに対する攻撃は「聖戦（ジハード）」であり、その過程で死ねば殉教者として天国に行けると解釈しているのです。

イスラエル、パレスチナに壁を建設

こうしたパレスチナ過激派の攻撃に対し、イスラエルは「自国民を守るため」として、分離壁の建設を始めます。イスラエルは「フェンス」と呼んでいますが、実際は8メートルの高さのコンクリートの壁をパレスチナ自治区との間に建設しました。これによりパレスチナ人がイスラエル側に簡単に入って来られないようにしたのです。

パレスチナ自治区ができた後も、多くのパレスチナ人はイスラエル側に出稼ぎに入り、ゴミの清掃などいわゆる3K仕事に従事していましたが、壁の建設によって通行できる場所が限定され、イスラエル側で働くのを断念する人も出ました。

この分離壁について、国際司法裁判所は2004年7月、「占領地での分離壁建設は違法にあたり、中止・撤去すべきだ」との勧告的意見を言い渡しました。しかし勧告的意見に法的拘束力はなく、イスラエル政府は勧告を拒否しています。

ただ、分離壁が建設されたことで、イスラエル国内でのテロが激減したことは事実です。人権を守ることとテロを防ぐことの両立の困難さを示しています。

ハマスの奇襲攻撃

分離壁はヨルダン川西岸地区ばかりでなくガザ地区にも建設され、狭い地域に閉じ込められたパレスチナ人のストレスと怒りは極限に達していました。だからといって、２０２３年10月にハマスがイスラエルに対して行った奇襲攻撃は決して容認できませんが、攻撃の背後に、こうした経緯があったのです。

イスラエルを攻撃したハマスの戦闘員は、一般市民を見境なく殺害しました。このときハマスは殺害の様子を動画に収めていました。イスラエル軍がハマスの戦闘員を殺害して動画を入手すると、その様子を国内で公表しました。この動画には、一般家庭に突入した戦闘員が、子どもの前で父親を射殺し、それを見た子どもが泣き叫ぶ横で冷酷にも冷蔵庫からコーラを取り出して飲んでいる戦闘員の姿が映っていました。

また、イスラエルの住宅には過去の戦争の教訓からシェルターが設置されていますが、シェルターに逃げ込んだ市民に対してガソリンを注入して焼き殺すという手段も取られました。

このような虐殺の様子は、イスラエルの人たちにとって、「イスラエルが攻撃されたのではなく、ユダヤ人が狙われたのだ」という恐怖心をかき立てました。そこで思い起こされたのは、第二次世界大戦中にヨーロッパでユダヤ人約600万人が虐殺された歴史です。

ユダヤ人たちが続々と強制収容所に送り込まれていたのに、これを阻止しようという動きは、ごく少数の例外を除き、起きませんでした。助けてくれる国はなかった。結局は、自分たちのことは自分たちで守るしかなかった。これが、ユダヤ人がイスラエルを建国し、自分たちのことは自分たちで守るようになった動機です。

この思いを持っているからこそ、ガザへの攻撃で多くの一般市民が犠牲になっていることを他国が批判しても、ユダヤ人の多くは、「では、ユダヤ人が苦境に立ったとき、我々を守ってくれるのか」という反発につながってしまうのです。

アメリカはなぜイスラエルを支持するのか

こうしたイスラエルによる攻撃でパレスチナ人に大勢の犠牲者が出ていても、アメリカ国内では断固イスラエルを支持する人たちが多くいます。そもそもユダヤ人の歴史を見ると、長年にわたって差別され続けてきたのに、どうして支持する人たちが大勢いるのでしょうか。

アメリカ国民の中にはユダヤ人に対する差別意識を持つ人もいますが、一方でイスラエルを熱烈に支持する人たちもいるのです。それが、キリスト教の一派である「福音派」です。その理由は聖書にあります。

福音派は、聖書に書かれたことは一字一句真実だと信じています。聖書とは『旧約聖書』と『新約聖書』の両方です。ちなみに『旧約聖書』は、ユダヤ教の聖書とほぼ同じもの。『新約聖書』はイエスの言行録を中心に編集され、イエスによって人類は神と新しい契約を結んだとされて「新約」といいます。一方、それまでの聖書は神との古い契約になったという趣旨から「旧約」とされています。

福音派は『旧約聖書』に書かれていることもすべて真実だと考えています。『旧約聖書』の中には、エジプトで奴隷になっていたユダヤ人に対し、神が「カナンの地を与える」と約束したことが記されています。カナンの地が、パレスチナであり、現在のイスラエルが存在する場所です。この土地が「約束の地」なのです。

ということは、福音派にとって、ユダヤ人がイスラエルを建国したのは、神の意思に沿った行動ということになります。神によって約束された土地を守るイスラエルの行為は神の意思に沿うものなのです。

さらに福音派は、昇天したイエスが、「この世の終わり」が到来するときには救世主として地上に降臨し、人々を導いてくれると信じています。そのためには、イエスが降臨する土地を神から与えられたユダヤ人が守っていなければならないのです。

福音派はアメリカ国民の四分の一を占めていますから、政治家にとって無視できない存在です。福音派は選挙になると、支持候補にせっせと献金をして選挙運動に熱心に取り組んでくれますから、政治家にとって大事な存在。

キリスト教徒によって差別されてきたユダヤ人たちが、熱心なキリスト教徒によって支持される不思議な構図は、聖書によってもたらされているのです。

また、イスラエル国外で最もユダヤ系が多く住んでいるのがアメリカです。約750万人で、アメリカの人口の2・4％ですが、政財界に多くの人材を輩出しており、献金も多いのです。結果として、アメリカはイスラエル支持になるのです。

ネタニヤフ政権による攻撃は、選挙制度も関係している

ネタニヤフ政権によるガザやレバノン南部などへの攻撃は、国際社会の批判があっても、終わりそうもありません。そこにはイスラエル独特の選挙制度も

関係しています。

イスラエルの議会は一院制で議席は120。全国を一つの選挙区にして、得票率が3・25％以上を獲得した政党が、得票率に応じて議席を獲得し、政党が指名した人物が国会議員に就任する仕組みです。

比例代表は、小選挙区と異なり、多様な少数意見を反映できる民主的な制度だとされています。実際に、実に多様な意見の政党が林立しています。結果として単独過半数を獲得する政党が現れず、連立を組まないと政権が獲得できないのです。

たとえば2021年の総選挙では、ネタニヤフ率いる保守政党のリクードが最大多数の30議席を確保しましたが、過半数には届きません。当時はリクードと連立を組んでもいいという保守政党や宗教政党の議席を合わせても52議席にしかなりませんでした。そこで政策の違いを超えて反ネタニヤフという一点で各政党が集まり、少数政党連合の連立政権が誕生しました。

しかし、政党ごとの政策は水と油。混乱が続き、2022年に再び総選挙となりました。リクードは32議席と微増に留まり、極右政党や宗教政党など5つの少数政党の合計も32議席。そこでネタニヤフは、これらの政党と連立を組むことで64議席と辛うじて過半数を確保。現在まで続くネタニヤフ政権が誕生しました。

しかし、ネタニヤフ政権にすれば、極右政党や宗教政党が離脱すれば、即座に連立政権が崩壊するという状況になっています。

少数政党と連立を組んで辛うじて過半数を確保すると、その少数政党の主張に配慮せざるを得なくなるのです。

ネタニヤフ政権で連立を組む極右政党や宗教政党は、『聖書』の「神がユダヤ人に土地を与えた」という一節を根拠に「ヨルダン川西岸地区もガザ地区も神がユダヤ人に与えたものだ」と主張しています。オスロ合意を認めないのです。

認めないどころか、極右政党や宗教政党の支持者たちはヨルダン川西岸のパレスチナ自治区に次々に入植地を建設。パレスチナ人の土地を侵食しています。

これにパレスチナ人は反発し、入植者とトラブルになると、イスラエル軍が出動して入植者を守るという事態が続いているのです。

ここまで主にユダヤ人とイスラエルの側の歴史を描いてきました。では、パレスチナ側からはどう見えるのか。次の章で取り上げます。

イスラエル情勢を理解するためのきほん

□ ユダヤ人とは、端的に言えば、ユダヤ教を信じている人たちのこと。ユダヤ人が差別されてきた根拠は『新約聖書』にある。

□ シオニズムとは、かつてユダヤ人の王国があったエルサレムの「シオンの丘」に帰ろうという思想。

□ 1948年、前年の国連の「パレスチナ分割決議」にもとづき、イスラエルが建国される。その翌日、アラブ連盟軍が侵攻し、第一次中東戦争が勃発。これまでに4回の中東戦争が起こっている。

□ 1993年、「オスロ合意」が結ばれ、パレスチナ人が自治政府を作ることが承認される。しかしネタニヤフ政権が誕生し、オスロ合意の施行は停滞している。

第2章
「世界はなぜ我々を助けてくれないのか」
犠牲者が増え続けるパレスチナ

我々は、ユダヤ人によって土地を奪われた。
虐殺された経験を持つユダヤ人が、なぜパレスチナを攻撃するのか。
世界はなぜ助けてくれないのか。

日本赤軍はパレスチナを支援した

１９７２年5月30日、イスラエル・テルアビブ近郊の「ロッド国際空港」（現ベン・グリオン空港）にパリ発ローマ経由のエールフランス機が到着しました。航空機から降りた乗客が機内に預けた荷物が出てくるのを待っていたところ、３人の日本人男性がベルトコンベアに乗って出て来たスーツケースを開けて自動小銃を取り出します。これを旅客ターミナル内の乗客に向けて無差別に乱射しました。周囲は阿鼻叫喚《あびきょうかん》となります。

この事件で乗客のうちアメリカ人17人、イスラエル人８人、カナダ人１人の計26人が死亡。80人が重軽傷を負う事態となりました。

アメリカ人17人はプエルトリコ出身のキリスト教徒。聖地エルサレムに巡礼に行く途中でした。

事件を起こしたのは、いずれも当時共産主義者同盟赤軍派のメンバーであった奥平剛士（26歳）と、京都大学の学生だった安田安之（25歳）、鹿児島大学の学生だった岡本公三（24歳）の３人でした。

3人のうち奥平は空港内の警備員との銃撃戦で死亡。安田は持っていた手榴弾で自爆したとされていますが、詳細は不明です。空港ロビーから飛び出した岡本だけが逮捕されました。

これが「テルアビブ空港乱射事件」です。3人は、パレスチナ人の解放運動に共鳴して駆け付けたのです。

この事件は、日本はもちろん世界にも大きな衝撃を与えました。空港内で銃を乱射すれば、警備員や兵士が駆け付けることが予想されますから、無事に逃走することは期待できません。初めから死を覚悟して攻撃する、いわゆる自爆攻撃の嚆矢《こうし》でした。

当時イスラエルの占領下にあったパレスチナの人たちにしてみれば、遠い日本からはるばるパレスチナ人への支援のために駆け付けてくれた彼らは英雄でした。

しかも自ら生還を期すことを考えなければ、つまり自爆テロであれば、強大な相手にでも損害を与えることができることをパレスチナ・ゲリラたちに教えたのです。日本は「テロ先進国」だったのです。

当時の日本では１９７０年の日米安保条約の改定時期を迎え、安保反対の学生運動が盛り上がっていました。この盛り上がりの中から、「直ちに世界革命に立ち上がるべきだ」と主張する過激派が、共産主義者同盟（日本共産党とは無関係）から飛び出して「赤軍派」を結成していました。その一部は「世界革命の拠点を構築する」と言って、日本航空の「よど号」をハイジャックして北朝鮮に飛びましたが、その後の消息は途絶えます。

余談ですが、当時の日本航空が所有する機数は少なく、一機一機に愛称がつけられ、機種によっては河川の名称がつけられていました。「よど」とは淀川のことだったのです。

日本国内に残ったメンバーは、中東でイスラエルと戦っているＰＬＯ（パレスチナ解放機構）内のマルクスレーニン主義の過激派ＰＦＬＰ（パレスチナ解放人民戦線）と連携を取ります。中東に世界革命の拠点を作ろうとしたのです。空港乱射事件もＰＦＬＰの支援を受けていました。赤軍派の彼らはその後、

「日本赤軍」と名乗るようになります。

再び余談ですが、日本に残された赤軍派のメンバーは、全く路線の異なる京浜安保共闘と合体して「連合赤軍」となり、1972年2月、「あさま山荘事件」を引き起こします。いまでは考えられないような時代だったのです。

この事件を受け、日本政府はイスラエルに謝罪。犠牲者に計100万ドルの賠償金を払いました。

それにしても、なぜ彼らは自動小銃や手榴弾を機内に預けることができたのか。いまからは想像もつきませんが、当時は機内に預ける荷物のX線検査などはなかったのです。

ちなみに飛行機に搭乗するときの金属探知機による検査も、赤軍派が「よど号」の機内に模造刀などを持ち込んでハイジャックに成功したのを機に、世界中で行われるようになったのです。

この事件をきっかけに、日本に住む私たちは、遠い中東のパレスチナの苦境を知ることになります。第四次中東戦争によるオイルショックで中東に関心が向けられるようになったとはいえ、イスラエルと周辺のアラブ国家との関係には注目しても、イスラエルに占領されたパレスチナの人々の苦境は、あまり知られることがありませんでした。皮肉なことに赤軍派の蛮行によって、日本国内でパレスチナに対する関心が高まったのです。

実行犯の「オカモト」はパレスチナの英雄に

事件の実行犯３人のうち唯一生存した岡本公三は、イスラエルの裁判で１９７２年６月に終身刑となり収監されました。イスラエルに死刑制度はなく、最高刑が終身刑だったからです。

岡本は裁判の最終意見陳述で、「我々３人は死んだ後、オリオンの三つ星になろうと考えていた」と述べています。なんという時代錯誤のロマン主義であることか。

しかし、パレスチナの人たちは熱狂しました。岡本は、パレスチナの人々の間で一躍英雄に。当時、パレスナチ難民キャンプで生まれた子どもに「オカモト」と命名する親がいたということです。私もパレスチナ難民キャンプに何度も足を運んでいますが、私が日本から来たと言うと、「オカモトを知っているか」と聞かれたものです。

英雄となったオカモトを救出するため、パレスチナ側はイスラエル兵を人質にして捕虜の交換を要求。イスラエルに収監されていたパレスチナの捕虜約1000人と共にオカモトは釈放され、レバノンに渡ってパレスチナ人たちによって匿《かくま》われています。

岡本はいまも日本の警察から国際指名手配されていますが、レバノン政府は国内への亡命を認めました。レバノン政府は、パレスチナ人にとって英雄のオカモトを日本に引き渡すわけにはいかないのです。

「土地なき民に、民なき土地を」

では、そもそもなぜ「パレスチナ問題」は発生したのでしょうか。第1章で説明したように、第二次世界大戦後にイスラエルが建国されたことによって、ユダヤ人とパレスチナ人の対立が激化したことは事実ですが、それより前から摩擦は発生していました。

パレスチナ地方は、第一次世界大戦前までオスマン帝国の支配下にありました。オスマン帝国はイスラム国家でしたが、域内では信教の自由が認められ、ユダヤ教徒もキリスト教徒も納税すれば存在が認められていました。それだけ寛容だったからこそオスマン帝国は長い歴史を刻むことができたとも言えます。

一方、ヨーロッパではユダヤ人への抑圧がなくなりません。これに絶望したユダヤ人たちは「シオニズム運動」によってパレスチナに入植するようになります。

当時のユダヤ人のスローガンは、「土地なき民に、民なき土地を」でした。つまりユダヤ人は「土地なき民」であったので、人が住んでいない「民なき土地」であるパレスチナに入植しようとしたのです。しかし、パレスチナは「民なき土地」ではありませんでした。多くのアラブ人が住んでいたのです。

このときユダヤ人たちには「ユダヤ人国家」を建設するという明確な目標が

ありましたが、当時のパレスチナ地方に住むアラブ人たちには、国家意識が希薄でした。その結果、ユダヤ人たちが着々と土地を広げていきました。

当時のパレスチナでは、アラブ人の不在地主が広い土地を持ち、多くのアラブ人は不在地主から土地を借りて農業をしていました。ヨーロッパから移り住んだユダヤ人たちは、こうした地主から土地を買収。パレスチナ人たちを追い出していきました。

ヨーロッパのユダヤ人たちは差別によって土地の所有が認められていなかったことから土地への執着が強く、土地を所有して農業に従事したのです。

パレスチナの土地の多くは砂漠地帯で農業には不適だとみられていましたが、ユダヤ人たちはヨーロッパの近代的な農法を持ち込んで、不毛の土地を緑豊かな農地に変えていきます。パレスチナを不毛の地から肥沃な「乳と蜜の流れる場所」(約束の地カナンについての『旧約聖書』での描写)に変貌させていったのです。

欧州の「被害者」が中東で「加害者」に

第二次世界大戦後、国連による「パレスチナ分割決議」にもとづいてイスラエルが建国されると、これを認めない周辺のアラブ国家がイスラエルを攻撃。第一次中東戦争です。

この戦争にアラブ側は惨敗します。戦争の過程で大勢のアラブ人は住む場所を失い、難民となりました。

実はイスラエルが建国される直前、ユダヤ人の中には武力でパレスチナ人から土地を奪い、自分たちのものにしようとした武装勢力が二つ存在していました。「イルグン」（「組織」の意）と「レヒ」（「顎骨《がくこつ》」の意。『聖書』に登場する英雄が敵を顎の骨で殺害したエピソードに由来する言葉）でした。

この二つの組織がイスラエル建国直前の１９４８年４月９日、エルサレム近郊のデイル・ヤシーン村を襲撃しました。女性や子どもを含む村民たちを容赦なく虐殺したのです。村民たちは武装していませんでしたから、一方的な虐殺です。当時の村民の半数近い２５０人以上が犠牲になったとされています。

イルグンやレヒが、この虐殺を大々的に宣伝したこともあり、恐怖を覚えた多数のアラブ人たちは住む土地を離れ、ヨルダンやエジプトに逃げ込みます。「パレスチナ難民」の発生です。

パレスチナ難民は第一次中東戦争の結果生まれたと一般的に言われますが、実はイスラエル建国の前から生まれていたのです。

当時、イスラエル建国を準備していたユダヤ人たちは、このテロを非難しますが、イスラエル領になることが予定されていた土地から大勢のアラブ人が逃げ出したことは、「ユダヤ人国家」を建設する上で好都合だったことは確かです。

虐殺された村民の土地は現在ユダヤ人のものになっていますし、この土地から逃げ出した人たちが帰還することは認められていません。

欧州で抑圧され、差別され、大量虐殺を受けてきたユダヤ人たちは、一転してパレスチナの地では「加害者」になってしまうのです。

第一次中東戦争でイスラエルを攻撃したヨルダンは、ヨルダン川西岸地区を占領します。エジプトは地中海沿いのガザ地区を占領しました。難民となったパレスチナ人たちは、アラブ人の同胞が占領した地域に逃げ込みました。ここが、現在パレスチナ自治区になっています。

ただ、イスラエルが建国されても、住む場所から離れず、イスラエル国籍を取得したアラブ人もイスラエルの人口の約２割に達しています。彼らはイスラエル国民ですが、一般のユダヤ人に課せられている兵役の義務からは免れています。要はアラブ人に武器の扱い方を教えたら攻撃されるかもしれないと警戒されているからです。国籍は与えられても二級市民の扱いなのです。

余談ですが、イスラエルではユダヤ教の戒律を守って金曜の日没から土曜の日没までの安息日にはユダヤ人は働きません。このためホテルなどの従業員は、このときだけイスラエル国籍のアラブ人に交代するのです。国内にアラブ人がいることで、イスラエルは国家機能が麻痺しないで済んでいるのです。

国連最大の組織ＵＮＲＷＡ結成

第一次中東戦争によって、多数のパレスチナ難民が発生したことから、１９４９年12月、国連は総会でパレスチナ難民を救済するため「ＵＮＲＷＡ」(United Nations Relief and Works Agency for Palestine Refugees in the Near East　国連パレスチナ難民救済事業機関)の設立を決めます。この名称は日本のメディアで「アンルワ」と発音されることが多いのですが、現地で私が確認したところ、職員たちは「ウンルワ」と発音していました。

この決議にはアラブ諸国が賛成したのはもちろん、イスラエルも支持しました。自国の負担が軽くなるという計算があったのでしょう。

ＵＮＲＷＡは翌年１９５０年5月から活動を開始します。難民キャンプを設営して難民たちを収容し、食料を援助します。当時は文字通り「キャンプ」だったのですが、難民問題が解決しないため、居住地はコンクリート製のアパートになっていきます。

国連の難民救済組織としてはＵＮＨＣＲ(国連難民高等弁務官事務所)がよ

く知られていますが、それより前に発足していたのです。

本部はパレスチナ自治区のガザとヨルダンのアンマンに置かれ、職員は2万9000人。国連最大の組織です。このうち99%は現地のパレスチナ人が雇用されています。パレスチナでの最大の働き口なのです。

UNRWAでは、パレスチナ難民とは1946年6月1日から1948年5月15日の間にパレスチナに住んでいて、その家と生計を失った者とその子孫であると定義されています。当初は100万人程度でしたが、難民キャンプを出られないまま子どもや孫たちが生まれ、現在登録されている難民は600万人近くになっています。

アラファトがファタハを結成

イスラエル建国で生まれた多数のパレスチナ難民。その中から、自分たちの故郷を取り戻すためイスラエルと戦おうとする武装勢力が生まれてくることになります。その指導者が、ヤセル・アラファトでした。

彼は1929年にアラブ人としてエルサレムに生まれたとされていますが、その一方で、エジプトのカイロで生まれたというエジプト政府の出生記録もあり、彼が「生粋のパレスチナ人」であったかどうかについては異論も存在します。それでもアラファトはパレスチナ人を率いるリーダーになったのです。

アラファトはカイロ大学で工学を学んだ後、第二次中東戦争ではエジプト軍の大尉として参戦しています。そして1959年頃に仲間と「アル＝ファタハ（略称ファタハ）」という武装集団を結成しました。この組織は「パレスチナ解放運動」という名称でしたが、その頭文字をつなげると、アラビア語で「死」を意味することになり、これではまずいだろうということで、語順を逆にして「ファタハ」と名乗りました。

当時のアラブ世界では1964年にアラブ諸国の支援により「パレスチナ解放機構」（ＰＬＯ）が設立されましたが、イスラエルを非難するだけで具体的な行動ができないでいました。それに対しファタハは、パレスチナの解放のためにはパレスチナ人自らが武器を取って立ち上がるしかないと考え、ヨルダンを基地として、シリアからの武器援助を受け、1965年からイスラエルに対する破壊活動を開始します。

PLO議長として活躍

1968年3月、イスラエル軍がヨルダン川西岸地区のパレスチナ難民キャンプを攻撃すると、アラファト率いるファタハは、ヨルダン軍の支援を受けてイスラエル軍に反撃。イスラエル軍の撃退に成功します。それまでパレスチナ側はイスラエル軍の攻撃になすすべがなかっただけに、ファタハの反撃成功はパレスチナ人を狂喜させます。アラファトがパレスチナ人の英雄として名を挙げたのです。実際にはヨルダン軍の支援が大きかったとされていますが。

この功績をもとにしてアラファトは翌年、PLOの議長に就任します。それ以降、アラファト議長はパレスチナ人の代表とみなされるようになります。PLOはパレスチナの各派の連合体のような組織になり、最大規模の派閥のファタハがPLOを動かすようになるのです。

PLO、ヨルダンから追放される

アラファトが議長になったことでPLOは戦う組織に変身。ヨルダンに拠点を置いて、イスラエルに対する越境攻撃を行います。すると必ずイスラエルがヨルダン国内にあるPLOの拠点を報復攻撃。そのたびにヨルダンに大きな被害が出ます。

これに困ったヨルダンのフセイン国王は、ヨルダン政府に従わないPLOに国外退去を要求。1970年9月、ヨルダン政府軍を動員してPLOを攻撃します。ヨルダン内戦の勃発でした。

大きな打撃を受けてPLOはヨルダンを離れ、拠点をレバノンのベイルートに移します。PLOは、この一連の戦闘を「黒い9月」と呼びます。その後、ミュンヘンオリンピックでイスラエル選手団を襲撃したパレスチナ・ゲリラは、組織名を「黒い九月」と称しました。

レバノンからイスラエルを攻撃

レバノンに拠点を移したＰＬＯは、今度はレバノンからイスラエルに対する越境攻撃をするようになります。すると、ここでもまたイスラエル軍の報復攻撃を受けます。

さらにＰＬＯがレバノンに移ったことで、レバノン国内の勢力図が変化します。レバノンは、中東のモザイク国家と呼ばれるほど宗教や民族が複雑に絡み合い、かろうじて国内の平和を保っていました。しかし、ＰＬＯというパレスチナ人のイスラム教徒が入ってきたことにより、均衡が破れます。レバノンに強い勢力を持っていたキリスト教マロン派の民兵組織がＰＬＯを攻撃。激しい内戦となります。

さらに、レバノンに影響力を持ちたいシリアが内戦に介入し、泥沼の争いに発展します。その結果、ＰＬＯはレバノン南部に移って勢力を維持します。

これを嫌ったのがイスラエルでした。１９８２年、イスラエル軍はＰＬＯの排除を目指してレバノン南部に侵攻します。イスラエルの攻撃により、ＰＬＯ

はレバノンからも退去することになり、北アフリカのチュニジアに拠点を移しました。

一方、イスラエル軍によって大きな被害が出たレバノン南部では、イスラム教シーア派の人たちが、イランの支援を得て、ヒズボラ（神の党）を結成します。イスラエルに対してレバノンからミサイルやロケット弾を撃ち込んでいるヒズボラは、このとき結成されたのです。

これに対しイスラエルは２０２４年10月、再びレバノン南部に侵攻し、ヒズボラを攻撃しています。歴史は繰り返しているのです。

「インティファーダ」の発生

ＰＬＯが拠点をチュニジアのチュニスに移し、パレスチナ域内での影響力を失うと、パレスチナの住民たちが自然発生的にイスラエルに対する抵抗運動を始めます。インティファーダの発生です。

インティファーダでは、若者たちや子どもたちがイスラエル軍に投石で立ち向かう姿が世界に流れ、国際世論はパレスチナ人に同情します。その結果、前章で触れたように、北欧のノルウェーの仲介により、1993年、「オスロ合意」が成立しました。

チュニジアにいたアラファトはパレスチナに帰還。パレスチナ人の難民キャンプがあり、パレスチナ人が大勢住んでいたヨルダン川西岸地区とガザ地区で、パレスチナ人による選挙が実施され、アラファトが自治政府の議長に選出されます。

しかし、その後の交渉は難航しました。とりわけ衝撃だったのは、イスラエルのラビン首相が、「神から与えられた土地をパレスチナ人に渡そうとしている」と怒ったユダヤ人過激派によって暗殺されてしまったことです。

やがてアラファト議長も死去。イスラエルでは右派で反パレスチナ強硬派のネタニヤフ首相が誕生し、交渉は進展していません。

ハマスとはどんな組織か

それにしてもイスラエルを攻撃してイスラエルの報復を受けているガザ地区のハマスとは、どんな組織なのでしょうか。

ハマスの正式名称は「イスラム抵抗運動」です。この言葉のアラビア文字の字頭を連ねると「ハマス」になり、アラビア語で「情熱」という意味になります。パレスチナの地からイスラエルを追放し、パレスチナ国家を建設しようという情熱を持った組織だというわけです。イスラム教スンニ派の原理主義組織です。

ところが、そもそものルーツはパレスチナではなく、エジプトの「ムスリム同胞団」のパレスチナ支部でした。ムスリム同胞団が結成されたのは1928年のこと。エジプトの小学校教師だったハサン・アル＝バンナーが提唱者です。彼は、西洋式の師範学校の出身者でしたが、キリスト教的な学校制度に疑問を持ち、イスラム文化の復興を目指した組織を作ります。

当時のエジプトは西洋式の近代化路線によって格差が拡大していました。そこで貧困にあえぐ人たちのために医療施設を作ったり、学校を作ったりという慈善活動を展開することで多くの支持者を獲得します。組織はアラブ圏全体に拡大し、パレスチナにも支部ができます。

この歴史を見ればわかるように、ムスリム同胞団パレスチナ支部も貧困層のための慈善活動で草の根の支持を広げたのです。この組織が過激化したのは、１９８７年に起きたインティファーダがきっかけでした。

素手で立ち向かったのでは勝利の展望は開けない。当時、ムスリム同胞団パレスチナ支部にいたイスラム主義者のアフマド・ヤシン師は、支部の武装闘争部門としてガザ地区にハマスを結成したのです。ちなみに「ヤシン師」のように名前についている「師」はイスラム法学者のことを意味します。

ハマスはイスラエルを国家として認めていません。イスラエルを追い出し、パレスチナ国家を建設することを目標として掲げています。当然のことながら「オスロ合意」も認めていないのです。

こうした抵抗姿勢と地道な慈善活動が功を奏し、２００６年に実施されたパレスチナの国会にあたる立法評議会選挙でハマスは過半数を獲得します。さらに2007年にはガザ地区を武力制圧。それまでパレスチナの主流派だった穏健派のファタハをガザから追放してしまいます。

ヨルダン川西岸はファタハ、ガザ地区はハマス

その結果、現在ヨルダン川西岸は穏健派のファタハ、ガザ地区は過激派のハマスが統治しています。つまりハマスは、ムスリム同胞団の武装闘争部門でしたが、いまやガザのパレスチナ自治政府となっているのです。2023年10月からのイスラエルの攻撃によってガザ地区では多数の民間人が犠牲になっています。2024年11月の段階で犠牲者の数は4万3000人を超えました。夥《おびただ》しい犠牲者が出ていますが、この数字を発表するのはガザ地区を統治する役所であるハマスなのです。

ハマスはこうしてガザ地区を統治する一方で、反イスラエルの立場を貫き、独自の組織を作ってきました。イスラエルによる攻撃を避けるために組織の全

貌を明らかにしていませんが、以下のような組織になっているものと推定されています。

政党の中央委員会に当たるのが「諮問評議会」で、ここが政治局のメンバーを選出します。政治局員は約20人と見られ、最高幹部はイスマイル・ハニヤ氏でしたが、２０２４年7月31日、イラン訪問中にイスラエルによって暗殺されてしまいました。彼はイスラエルによるガザの空爆で、息子３人と孫４人も失ったといわれます。

ハマスの軍事部門のメンバーは約２万５０００人と推測され、少なくとも半数は殺害されたとみられますが、新たに参加するメンバーもいて、ハマス壊滅は無理だろうという声が高まっています。

それどころか、イスラエルによる攻撃で家族を殺害されたパレスチナの人たちの恨みは募るばかり。たとえイスラエルが「ハマス壊滅」を目標にして実行しても、イスラエルを憎むパレスチナ人たちは、続々とハマスに加入することになるでしょう。悲劇は終わりを見せないのです。

こうした絶望的な状況に住むパレスチナ人たち。パレスチナに生まれ、イスラエル建国後はイスラエルによって刑務所に入れられたこともある詩人の故マフムード・ダルウィーシュは、パレスチナについて、次のような詩を残しています。

この大地にあってまだ生に値するもの、
女なる大地、すべての始まりと終わりを司る大地。かつてパレスチナと呼ばれ、のちにパレスチナと呼ばれるようになった。
わがきみよ、汝がわがきみであるかぎり、われに生きる価値あり。

『パレスチナ詩集』より

パレスチナ情勢を理解するためのきほん

□イスラエル建国前からパレスチナ人とユダヤ人の対立はあった。第一次中東戦争で多くのパレスチナ難民が生まれた。

□1949年、国連はパレスチナ難民を救済するためUNRWAの設立を決定。国連最大の組織で、パレスチナでの最大の働き口となっている。

□自分たちの故郷を取り戻すためイスラエルと戦おうとファタハが生まれた。その指導者アラファトは、1969年にPLOの議長に就任。

□ハマスは、貧困層のための慈善活動で支持を広げ、1987年のインティファーダがきっかけとなり、過激化。パレスチナ国家の建設を目標としている。

中東をより深く理解するために
ユダヤ教、キリスト教、イスラム教のきほん

2017年1月20日、アメリカ大統領に就任したドナルド・トランプは、演説の中で、次のように言っています（「日本経済新聞電子版」17年1月21日）。

聖書はこう述べている。「神の民がともに協調して暮らすとき、それはどんなにすばらしく快適なことか」。我々は率直に語り、誠実に違いについて意見を交わすべきだが、常に連帯を追求する必要がある。米国が団結するとき、誰も止めることはできない。

トランプ大統領が、その後、米国の「団結」を求めたかどうかはともかく、その4年後、ジョー・バイデン大統領は、就任演説で、こう語っています（「日本経済新聞電子版」21年1月21日）。

聖書に書いてあるように、夜はよもすがら泣きかなしんでも、朝とともに喜びがくるのだ。我々は一緒にやり遂げるのだ。

大統領は共和党であっても民主党であっても就任式には聖書の一節を引用します。アメリカがキリスト教徒によって建国された国家だからです。

ただし、引用される聖書は『旧約聖書』です。ユダヤ教徒にとっての聖書はキリスト教徒にとっての『旧約聖書』。どちらにとっても大事な経典ですが、『新約聖書』はキリスト教徒にとって経典でも、ユダヤ教徒にとってはそうではないからです。アメリカ国民に呼びかけるには、ユダヤ教徒もキリスト教徒も大事にしている『旧約聖書』を引用するのです。

さらにイスラム教徒にとっても『旧約聖書』も『新約聖書』も大事な経典ですから、大統領が引用しても問題ないのです。ただし、イスラム教徒にとって最も大事なのは『コーラン（クルアーン）』なのですが。

ユダヤ教、キリスト教、イスラム教の神は同じ

中東を扱うときに必ず登場するキーワードが、ユダヤ教、キリスト教、イスラム教の一神教です。いずれも一神教ということは、この世界をお創りになった唯一絶対の神様を信じているということ。要は同じ神様を信じているのです。ヘブライ語ではヤハウェ、英語ではゴッド、アラビア語ではアッラーと呼ばれています。それなのに、なぜ対立しているのか。基礎から考えましょう。

まずユダヤ教は、唯一神（ヤハウェ）を信仰し、自分たちだけが神から救われると信じる宗教です。そこでユダヤ人の民族宗教とも呼ばれます。

ユダヤ教徒は、過去にエジプトで奴隷になるなど、数々の悲惨な体験をしてきました。これは、神のいいつけを守らなかったために神の怒りを買ったからだと考えます。過去に試練を受けたのは神への信仰が足りなかったというわけです。

ユダヤ人たちは、紀元前一二世紀頃から「神に与えられた地」とされるカナンに住み着いたと考えられています。彼らは、神がどのように世界を創造した

のかなどが書かれたヘブライ語の聖書を信仰じました。

ユダヤ教徒でもキリスト教徒でもない私は、まだ人間が誕生する前のことなのに、どうして聖書に天地創造が書かれているのだと突っ込みを入れたくなりますが、これは霊感を得た人間が、神の教えにもとづいて記述したと考えられているのです。

聖書には神は6日間かけて世界を創り、7日目に休まれたと書いてあります。これが「1週間」の始まりです。私たちは7日間を1週間として生活していけます。これはユダヤ教とキリスト教の生活リズムが、明治以降に日本に入ってきたからなのです。

ユダヤ教徒は聖書に書かれた戒律を守ることが求められ、とりわけ「安息日（シャバット）」を守ることは大切です。安息日には仕事をしてはいけないとされ、これは具体的には火も電気も使ってはならないという意味になります。ユダヤ教の安息日は金曜の日没から土曜の日没まで。この間、火も電気も使えないので、各家庭は金曜の午後は、土曜の夜までの食事の作り置きに追われます。

電気を使ってはいけないのですが、あらかじめタイマーをセットしておいて、金曜の夜になると部屋に電気が点灯するようにしておくことは構いません。しかし、エレベーターに乗って行き先階のボタンを押すと、新たに電気が流れますから、これはご法度。そこでホテルやアパートでは、エレベーターの一つが「シャバット・エレベーター」に変身。利用者は、エレベーターが自動で一階ずつ止まりながら上下するのに合わせて乗り降りするのです。

イエスはユダヤ教の改革運動を始めた

いまから2000年ほど前、現在のパレスチナにイエスという人物がマリアから生まれたと伝えられています。イエスは、ユダヤ教がユダヤ人だけのための宗教で、厳しい戒律を守ることが求められていたことに対して改革運動を始めます。このためユダヤ人のボスに睨まれ、ローマ帝国に引き渡され、イエスの改革が反ローマ帝国の運動に発展することを恐れたローマ帝国によって十字架にかけられ処刑されてしまいます。

ところが、イエスが処刑されて3日後、イエスが復活し、信者たちの前に現れて説教をした上で昇天したという話が広がりますと、「イエスこそが救世主だったのでは」と信じる人が出てきます。

ユダヤ教にはメシア（救世主）信仰があります。いまは苦難に満ちた人生であっても、いずれメシアが降臨して人々を救済してくれるという信仰です。イエスをメシア（ギリシャ語でキリスト）ではないかと考える人たちが、やがてキリスト教徒と呼ばれるようになるのです。

それまで土曜日がユダヤ教の安息日だったことから、キリスト教徒たちは、日曜日を新たに安息日としました。

イエスが処刑された後、使徒（弟子）たちはキリスト教を布教しながら、教えを集大成。『新約聖書』が編纂されます。「マタイによる福音書」や「ルカによる福音書」など4つの福音書を中心に構成されています。

キリスト教徒たちは、イエスが地上に遣わされたことにより、神との新しい契約を結んだと考えます。それが『新約聖書』。新約は新訳ではなく、「神との新しい契約」という意味です。それまでの聖書は、「神との古い契約」として『旧約聖書』と呼びました。

もちろんユダヤ教徒は、自らの信仰の対象を旧約などと呼ぶことはなく、あくまで『聖書』（律法の書）と呼んでいます。

イスラム教の預言者はムハンマド

また、いまから1400年ほど前、アラビア半島のメッカに住んでいた商人のムハンマドが、「神の言葉を聞いた」として神の言葉を人々に伝えます。ムハンマドは神の言葉を預かったとして「預言者」と呼ばれます。

ムハンマドは読み書きができなかったため、「神の言葉」を人々に口伝えで伝え、人々もそれを暗唱していました。

しかし、ムハンマドの死後、「神の言葉」を暗唱していた人たちが次第に姿を消すことから、神の言葉を残そうとして、信者たちが暗唱していた内容をまとめたものが『コーラン』です。

私の学生時代は『コーラン』と習いましたが、いまの高校の教科書には、なるべく現地の発音に近づけようと『クルアーン』と表記されています。この書名は「声に出して読むべきもの」という意味で、黙読ではなく声に出して読まなければならないのです。

ユダヤ教は土曜日を安息日、キリスト教は日曜日を安息日としていたので、イスラム教は金曜日を安息日としました。

『コーラン』によると、神（アッラー）は、ユダヤ教徒に『旧約聖書』を、キリスト教徒に『新約聖書』を与えたにもかかわらず、人々は教えを曲解したり、戒律を守らなかったりしているので、最後の預言者としてムハンマドを選び、神の言葉を伝えたとされています。ですので、ユダヤ教徒もキリスト教徒も同じ神の言葉を信じる「啓典の民」として扱わなければならないと書いてあります。

イスラム過激派がユダヤ教徒やキリスト教徒を攻撃したりしていますが、『コーラン』には、ユダヤ教徒もキリスト教徒も大切にしなければならないと記述されているのです。

イスラム過激派は、ユダヤ教徒やキリスト教徒が「神の教えを逸脱している」「イスラム教徒を攻撃してくるので、教えを守る聖戦（ジハード）を戦っているのだ」という理屈を立てているのです。

エルサレムはなぜ3つの宗教の聖地なのか

では、そもそもエルサレムは、なぜ3つの宗教の聖地なのでしょうか。ここにはユダヤ教徒の「嘆きの壁」と、キリスト教徒の「聖墳墓教会」、イスラム教徒の「岩のドーム」という聖地が集中しているからです。

ユダヤ教の聖書の中にユダヤ人の祖先であるとされるアブラハムが神から試される話があります。

敬虔なアブラハムの信仰心を試そうと、神は、息子のイサクを生贄《いけにえ》として捧げるように求めます。アブラハムは命令に従い、丘の上に登り、イサクを岩に横たえて殺そうとした瞬間、神はアブラハムの忠誠心を確認して制止したとい

3つの宗教の聖地　エルサレム旧市街

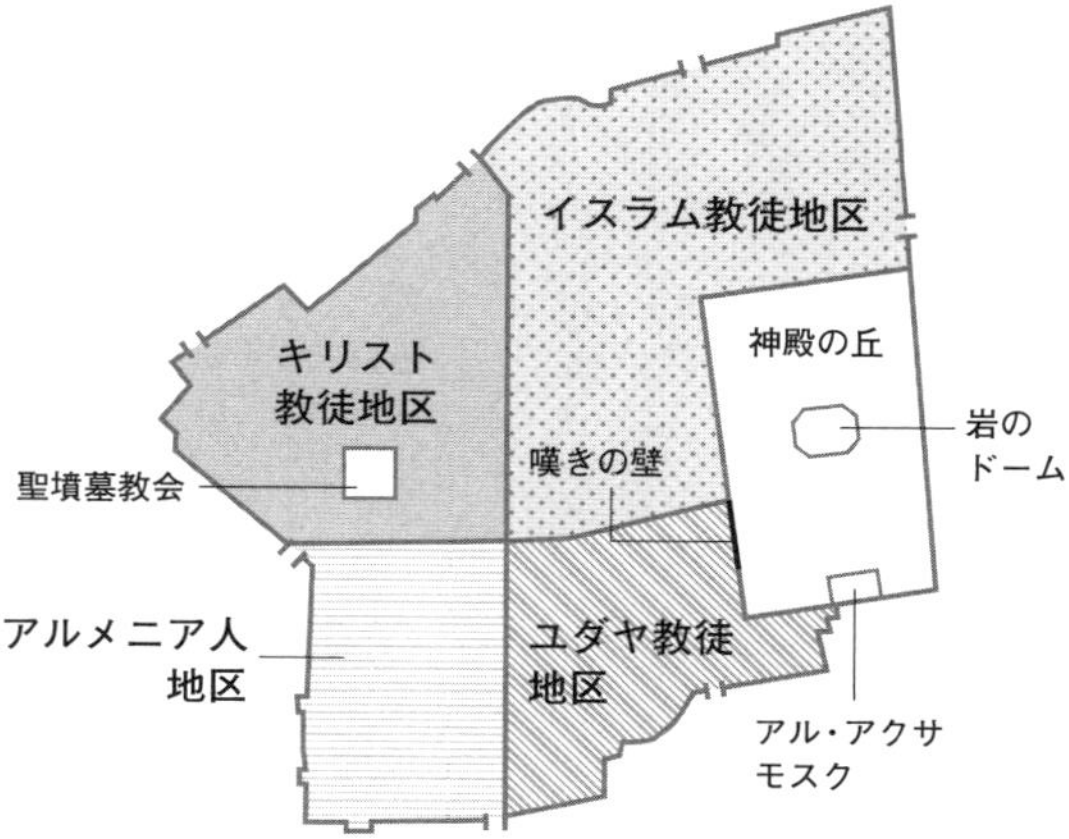

嘆きの壁（ユダヤ教）、聖墳墓教会（キリスト教）、岩のドーム（イスラム教）と3つの宗教の聖地が集中するエルサレム旧市街。現在も、宗教によって居住区が分かれている。4世紀に世界で初めてキリスト教を国教とし、その頃からエルサレムに暮らしてきたアルメニア人地区もある。

参考：朝日新聞デジタル（2022年3月4日）

うのです。

このときアブラハムは、岩の陰にいた羊を代わりに神に捧げました。そこから「犠牲の子羊」という言葉が生まれました。

その後、アブラハムが神の声を聞いたという岩を中心に、紀元前一〇〇〇年頃、古代イスラエル国家を統一したダビデ王が神殿を建設しました。いったんはバビロニアによって神殿が破壊されますが、ユダヤ人たちは同じ場所に神殿を再建します。

その後、ユダヤ教の改革を進めていたイエスが神殿にやってきて布教を始めたために逮捕され、十字架にかけられて殺害されます。イエスの弟子たちは、イエスこそ救世主（キリスト）だと考え、墓があったとされる場所の上に聖墳墓教会を建設します。これがキリスト教徒にとっての聖地となります。

その後、ユダヤ人たちはローマ帝国からの独立を求めて戦争となりますが、このユダヤ戦争に敗れ、ローマ帝国によって神殿は破壊され、ユダヤ人たちは追放されてしまいます。

やがてエルサレムに戻ってきたユダヤ人たちは、廃墟となった神殿のうち残された西の壁に対して祈りを捧げるようになりました。この西壁が「嘆きの壁」と呼ばれます。

ユダヤ人たちが、自らの過酷な歴史を嘆いて祈りを捧げるので「嘆きの壁」と呼ばれるようになったとか、朝になると夜露に濡れている壁が、まるでユダヤ人のために泣いているように見えるので、この名がついたなど壁の名前の由来には諸説あります。

イスラム教の聖地はなぜ「岩のドーム」なのか

次にイスラム教です。イエスが処刑されてから540年ほど後、アラビア半島のメッカで生まれたムハンマドは「神の声を聞いた」として「神の言葉」を広めます。これが『コーラン』にまとめられました。

さらにムハンマドの言行録が『ハディース（伝承）』としてまとめられます。

この『コーラン』と『ハディース』の中に、ムハンマドがメッカにいたある夜、天使に付き添われ、天馬に乗って「遠くの町」まで行き、そこから天に昇って神や預言者たちに会い、再び地上に戻ってきたという記述があります。この「遠い町」がエルサレムだと考えられるようになりました。

エルサレムの神殿が破壊された後、アブラハムが我が子イサクを横たえたとされる岩は、剝き出しのままになっていました。ムハンマドは、メッカからエルサレムまで空を飛んできて、この岩に降り立ち、ここから天に昇ったと考えられるようになります。

ユダヤ教の神殿が破壊された後、ユダヤ人たちは追い出され、世界各地に離散。エルサレムにはイスラム教徒たちが住むようになります。イスラム教徒たちは、岩が風雨にさらされて崩れるのを恐れ、岩を覆うドームを建設。692年に完成し、ドームには金箔が貼られました。これが「岩のドーム」です。

ここは聖なる岩を保護する建物であり、祈りの対象ではありません。イスラム教徒たちがメッカの方角に向かって祈りを捧げるモスクは、岩のドームの近くに建設されました。それが「アル・アクサモスク（遠い町のモスク）」です。

「遠い町」とはメッカから見たエルサレムの表現です。

その結果、ユダヤ教徒にとって聖なる場所である神殿の丘（神殿の跡）が、イスラム教徒にとっての聖地にもなっているのです。

現在は、神殿の丘はイスラム教徒が管理し、嘆きの壁はユダヤ人が管理しています。一般の観光客は時間を限って神殿の丘に上がることが認められていますが、ユダヤ人たちが上がると紛争になるため、境界はイスラム教徒とイスラエルのボーダーポリス（境界警察）によって共同警備され、ユダヤ人が立ち入らないようにしています。異なる宗教を信じる人たちが共存するための知恵です。

しかし時々、ユダヤ原理主義の政治家が神殿の丘に上がってお祈りをしようとするため、イスラム教徒との間で小競り合いが起きることがあります。

この3つの宗教の聖地がある地区がエルサレム旧市街（東エルサレム）です。同じ神様を信じているがゆえに聖地も同じなのです。そして11世紀末からローマ教皇は、イスラム教徒によって占領されたエルサレムを取り戻すとして十字軍を組織してエルサレムを攻撃します。イスラム教徒にとっては、突然十字軍の名のもとにキリスト教徒の軍隊の攻撃を受けたという歴史の記憶が残ります。これを利用して、イスラム過激派は、欧米諸国を「新しい十字軍」と決めつけてテロなどの攻撃をすることがあるのです。

第3章

「シーア派が正統なイスラム教だ」

イスラム法学者が統治する中東の大国イラン

我々はアラブではない。
祖先は北から移動してきたアーリア人だ。
我々はイラン・イスラム革命を成功させた。
アラブ世界への「革命の輸出」も目指しているのだ。

イランの石油と出光興産

1953年4月、日本の出光興産のタンカー「日章丸」が、イギリス海軍の厳重な警戒網をくぐってイランに到着します。後に「日章丸事件」と称される出来事でした。

当時のイランは、第二次世界大戦後にイギリスやソ連の影響下から逃れ、モハマド・レザー・パーレビ（パフラヴィー）国王のもとで独立を果たします。ところがイランで見つかった油田はイギリス資本の会社に管理され、イラン政府は手が出せない状況でした。そこで1951年、首相のモハマド・モサデクは、石油の権利を自分たちに取り戻そうと、イギリス資本の石油会社を国有化します。

これに怒ったイギリスはイラン近海に軍艦を派遣し、イランに石油を買い付けにきたタンカーは撃沈すると宣言します。軍事力をバックにした経済制裁でした。

一方、出光興産社長の出光佐三《さぞう》は、イランが石油を輸出できなくなった窮状を見て、石油買い付けのチャンスと判断。同社のタンカー「日章丸」を極秘裏に送り、イギリス海軍の監視の目を盗んでイランの港に入り、石油を買い付けたのです。文字通り「助け船」でした。

これは世界に大きく報道され、イランの国民は「日本が我々を助けてくれた」と歓迎。これ以降、イランは親日国家となります。実は過去にもイランは帝政ロシアによる南下政策に脅威を感じていたところ、日本が日露戦争でロシアを破ったことを歓迎していました。そんな歴史的背景があったのです。

ペルシャからイランへ

イランの人々は、自分たちの先祖は「アーリア人の大移動」によって北から移って来た民族であるという誇りを持ち、「アーリア人の国」という意味の「イラン」と名乗っていました。アラブ人ではないというわけです。

その一方、ヨーロッパでは、この地域の古い名前「パールス」にちなんでペルシャ（ペルシア）と呼ばれていましたが、１９３５年、当時の国王が国名をイランに定めました。

かつては古代イランで創始されたゾロアスター教（拝火教）が国教だった時代もありますが、16世紀に成立した王国がイスラム教シーア派の「十二イマーム派」を国教にしました。「十二イマーム派」については、後ほど説明します。

英米によるクーデター

モサデク政権による石油企業国有化に激怒したイギリスは、モサデク政権をクーデターで打倒しようと企みます。しかしイギリスの対外諜報《ちょうほう》機関ＭＩ６（イギリス秘密情報部）だけでは実行不能と判断。同盟国のアメリカに協力を求め、ＣＩＡによってクーデターが起こされます。これによりモサデク政権は崩壊。アメリカは、それまで政治的実権を有していなかったパーレビ国王を支援し、傀儡《かいらい》政権とします。

国民の選挙で選ばれたモサデク首相が失脚したことに国民の不満が高まると、パーレビ国王は１９５７年、ＣＩＡとＦＢＩ、さらにイスラエルの諜報組織モサドの支援を受けて「国家情報治安機構（SAVAK《サヴァク》）」を創設。この秘密警察が反対派を弾圧します。恐怖政治が始まるのです。反政府とみなされると、過酷な拷問を受けました。アメリカやイギリスは、自国の同盟国ではない国のことを「民主的でない」と批判しますが、同盟国は、国内でどのような弾圧をしようと黙認したのです。

石油が豊富だったためにイギリスやアメリカの都合に翻弄される。中東でよくあることが、イランでも起きたのです。

アメリカによる「白色革命」

パーレビ国王を自国の傀儡にしたアメリカは、イランの西欧化を進めます。これは共産主義の「赤色革命」に対抗する「白色革命」と呼ばれました。

イランはアメリカやイギリスに大量の石油を売り、得た資金でアメリカの物品を購入するという構図です。アメリカにとって都合のいい取引です。

それまでのイランは経済的に遅れていたこともあり、アメリカ資本のテコ入れにより、経済は急激に発展します。教育水準が上がり、識字率も向上します。女性の社会進出も進み、若い女性が肌も露わな姿でミニスカートをはいて街を闊歩する姿が見られるようになると、イスラム教徒の保守派の反発が広がります。

また、アメリカ的な経済発展は格差の拡大を伴います。その結果、白色革命に反発し、人々が平等だったとされるムハンマドの時代のイスラム社会に戻るべきだという動きが高まります。それが1979年に起きたイラン・イスラム革命です。

イラン・イスラム革命の勃発

この革命を主導したのはイスラム法学者のルーホッラー・ホメイニ師でした。「師」とはイスラム法学者の敬称です。イスラム法学者の「法学」とは、私たちがイメージする法学とは異なります。『コーラン(クルアーン)』やムハンマドの言行録である『ハディース』の研究を長年にわたって究め、イスラムの教えを人々に伝えたり、指導したりすることのできる人のことです。「師」と呼ばれる資格を持った人は、頭にターバンを巻いて他の人と区別されます。一般には白いターバンですが、ムハンマドの血筋を引くとされる人は黒いターバンを身に着けます。

彼はパーレビ国王の白色革命を批判したことから逮捕されたこともあり、国外追放処分を受けてフランスで亡命生活を送っていました。イラン国内で反政府運動が高まると、ホメイニ師は英雄として帰国。ホメイニ師が主張するイスラム法学者による政治体制が作られます。

それまで世界は近代化が進むものと思っていた人たちにとって(私も含めてですが)、1400年前のムハンマドの時代に戻ろうという主張は驚きをもって受け止められました。

この革命で国外に逃げ出したパーレビ国王はエジプトやモロッコを転々としながらアメリカへの亡命を求めます。イランとの関係悪化を懸念したアメリカのジミー・カーター大統領は、これを拒否していましたが、国王の体調が悪化したため、治療を目的として入国を許可します。

在イラン・アメリカ大使館人質事件

これに反発したのが、イランの学生たちです。独裁に手を貸してきたアメリカは、我々が追い出した独裁者を助けた。怒った学生たちは1979年11月、首都テヘランにあるアメリカ大使館を襲撃して占拠。約50人の大使館員などを人質にとり、444日間立て籠る事態となります。

現在の旧アメリカ大使館は「反米博物館」となり、当時のアメリカ大使館の実態がよくわかるようになっています。私も中に入ったことがあります。館内にはCIAテヘラン支局もあり、パスポートの偽造が行われていた場所が見られるようになっています。

なお、パーレビ国王は治療が済むと、同年12月にはアメリカから出国させられ、1980年7月に亡くなるまでエジプトで亡命生活を送りました。

アメリカでは、イランの大使館における人質事件への対応をめぐり、カーター政権に対する風当たりが強まります。なぜ大使館員たちを救出できないのか、弱腰ではないかと、国民の不満が高まり、カーター大統領は1980年11月の大統領二期目を目指す選挙で、ロナルド・レーガンに敗れたのです。

イスラム法学者による統治に

イラン・イスラム革命は当初、ホメイニ師をはじめとしたイスラム勢力のみならず、民主化を目指す人々やイラン共産党など多様な勢力が加わって進められていました。しかし徐々にイスラム勢力が主導権を握り、革命が成功を遂げると、前政権に関わっていた人たちをはじめ、反ホメイニ派や共産党員たちは次々に逮捕され、処刑されます。容赦のない弾圧でした。

こうして1979年、国民投票によって、ホメイニ師が唱える「イスラム法学者による統治（ヴェラーヤテ・ファギーフ）論」が盛り込まれた憲法が制定され、イスラム国家が樹立されたのです。

このホメイニ師が唱えた「イスラム法学者による統治論」こそが、イランにおける「最高指導者」の存在を規定しているのです。これは、イスラム教シーア派がイランの国教であることと関係しています。

イラン革命の初期の混乱を見た隣国イラクのフセイン大統領は、1980年、イランに攻め込みます。「イラン・イラク戦争」の勃発です。スンニ派のフセイン大統領は、イランのシーア派による影響力が強まるのを恐れ、イラン・イスラム革命を失敗させようと考えたのです。

ところがイラク軍の侵略に驚いたイラン国内では対立抗争が止まり、一致団結してイラクと戦おうという機運が高まりました。結果としてイスラム革命は成功するのです。

国教であるイスラム教シーア派とは

ここでイスラム教に関しておさらいをしておきましょう。イスラム教は大きくスンニ派とシーア派に分かれています。世界史の教科書では「スンナ派」と表記されています。「スンナ」は、アラビア語で「慣習」という意味です。「スンニ」はその形容詞となります。日本のメディアでは、一般にスンニ派が使われています。

イスラム教全体では、サウジアラビアをはじめ、スンニ派が9割近くを占めている多数派です。シーア派はイスラム教における少数派ですが、国教としているイランでは9割以上の国民がシーア派だといわれています。他にシーア派の住民が多いのがイラクやレバノン、バーレーンやイエメン、アゼルバイジャンなどです。

イスラム教の創始者である預言者ムハンマドの後継者（カリフ）をめぐる争いから、スンニ派とシーア派は分かれました。

スンニ派は、『コーラン』と、預言者ムハンマドの言動の伝承をまとめた『ハディース』をもとに暮らす上で、それらに関する知識が豊富な人がカリフになればよいと考えた人たちです。イスラムの慣習（スンナ）に基づいた統治を受け入れるということで、スンナ派（スンニ派）と呼ばれるようになりました。

ムハンマドの死後、初代のカリフは、ムハンマドの同志であり、義父でもあった、アブー・バクルが務めます。二代目カリフとなったウマルの娘はムハンマドの妻でした。

スンニ派とは異なり、シーア派は、ムハンマドの血筋を受け継ぐ人物こそが後継者となるべきだと考えます。それにふさわしいと考えられた人物が、ムハンマドの従弟でムハンマドの娘と結婚したアリー・イブン・アビー・ターリブでした。彼は四代目のカリフとなりますが、敵対勢力によって暗殺されてしまいます。

ムハンマドの血統を重んじるイスラム教徒たちは、ムハンマドと血縁関係がない、アリーの前の3人のカリフを認めようとしませんでした。そもそも彼らはカリフという地位さえ認めず、アリーの子孫のみを最高指導者として「イマーム」と称します。初代イマームをアリーとして、二代目はアリーの長男、三代目はアリーの次男が継ぎました。こうして彼らのようなイスラム教徒は「アリーの党派」と呼ばれるようになります。それが、いつしか「シーア（党派）」

とだけ呼ばれるようになったのです。

十二イマーム派とは

しかし、その後、シーア派にとって大きな問題が起こります。874年、十二代目のイマームが5歳で突然姿を消してしまうのです。シーア派の人々は、指導者であるイマームがいなくなるとはどういうことかと考えます。その結果、イマームはお隠れになったのだという結論になりました。

イスラム教もキリスト教と似た構造を持っていて、世界が終わるときが来るといった終末思想があります。終末に人々は、神（アッラー）の審判を受け、天国か地獄へ送られます。そのときに、救世主（マフディー）が現れ、私たちを救済してくれると考えました。キリスト教徒が世界の終わりに救世主（キリスト）が再臨するのを信じているように、シーア派の人たちは、十二代目のイマームがいなくなったのは、神によって隠され、救世主として終末に再臨するためなのではないかと考えたのです。彼らは「十二イマーム派」と呼ばれます。

イランの国民の多くが、この十二イマーム派なのです。

では、十二代目のイマームが再臨するまでどうしたらいいのか。そこでホメイニ師が打ち出したのは、そのときまでは、イスラム法学者が宗教上の指導をし、政治権力を掌握して統治すべきであるという考えです。これが「イスラム法学者による統治論」です。

大統領の上に立つ最高指導者

イラン・イスラム革命によって、イランでは大統領を国民が選べることになりました。しかし、大統領を監督し、指導する最高指導者が別に存在することが、憲法に規定されたのです。大統領といっても、イランでは基本的に行政府の長であり、軍に関しても最高指導者が権限を持っています。

最高指導者は終身制。任期はありません。ホメイニ師が亡くなった後は、アリー・ハメネイ師が後任です。

最高指導者を任命するのは「専門家会議」という組織です。専門家会議は、国民の選挙によって選ばれます。ですが、この専門家会議の選挙に立候補するには、「護憲（監督者）評議会」という、イスラム法学者たち12人による組織の選別を受けなければなりません。さらに、大統領選挙の候補者に立候補の資格があるかないかを決めているのも護憲（監督者）評議会です。要するに最高指導者も大統領も、国民が選考できることになっているものの、それは形だけで、全てが最高指導者の強い影響下にある組織の信任を経て決められている状況なのです。

２０２４年5月、保守強硬派のライシ大統領がヘリコプター事故で亡くなり、後任を選ぶ大統領選挙で改革派のマスード・ペゼシュキアン元保健相が当選しました。

イランは革命後、大きく分類すると、保守強硬派、改革派、穏健派の３つの政治勢力にわかれています。宗教的な規律をより重んじ、外交面ではアメリカとの対立姿勢を強く打ち出す保守強硬派、国際協調や人権意識への柔軟性を持つ改革派、その中間に位置するのが穏健派です。基本的にどの勢力もイスラム

イランの統治機構

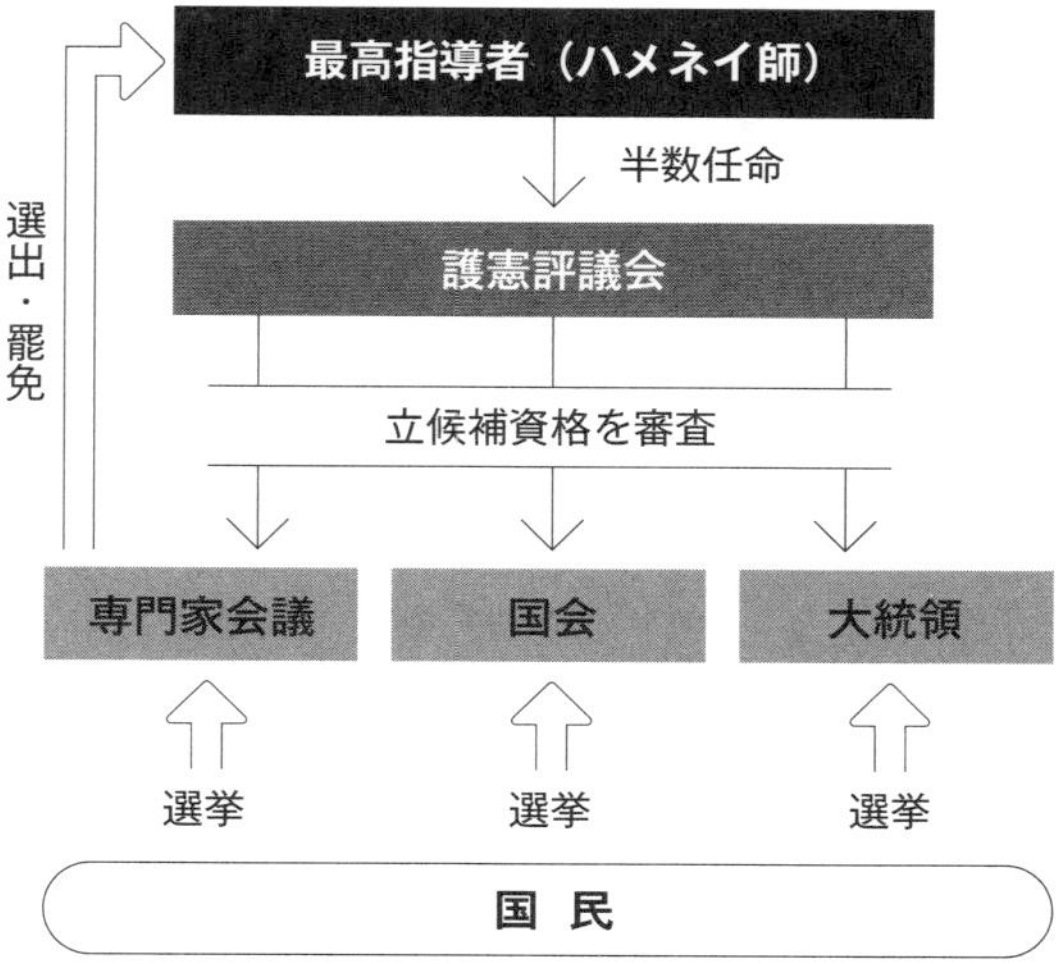

大統領も国会議員も、国民の選挙で選ばれる形だが、
イスラム法学者12名による護憲評議会が立候補資格を
審査する。体制の意にそぐわない候補者は失格とされる。

参考：日本経済新聞電子版（2024年2月23日）

国家という体制の変更は考えていません。

それでも大統領が保守強硬派だと女性が髪を隠すヒジャブの着用の義務化が厳しくなったり、改革派が大統領になると、規律が緩やかになったりする程度の変化はあるのです。

「ヒジャブ法」とは

2022年9月、22歳のマフサ・アミニさんが首都テヘランで「ヒジャブの着用が不適切」だとして逮捕され、警察署に連行されました。警察署内で取り調べ中に「意識を失った」として病院に搬送されましたが、その後、死亡しました。警察は「心臓発作」だったと説明しましたが、父親は娘に健康上の問題はなかったと反論。アミニさんの頭部付近に血痕《けっこん》のようなものが見える写真がSNSで拡散したことから、「本当は警察官によって頭を殴られたのではないか」という疑惑が広がり、全土で抗議行動が展開されました。

イランではイスラム革命後の1981年に「ヒジャブ法」が施行されていま

す。9歳以上の女性は公の場所でヒジャブを着用して髪を隠さなければならないというものです。こうした法律を守らせるために「道徳警察」が設立されました。

それにしても、なぜ女性は髪を隠さなければならないのか。それはイスラム教の聖典『コーラン』に根拠があります。

「女の信仰者にも言っておやり、慎みぶかく目を下げて、陰部は大事に守っておき、外部に出ている部分はしかたがないが、そのほかの美しいところは人に見せぬよう」（井筒俊彦訳『コーラン（中）』）

また、預言者ムハンマドの妻たちは、身体を覆う黒いマントを着ていたと伝えられていることから、これが正しい服装だというのです。

では、なぜ9歳から守らなければならないのか。ムハンマドには9人の妻がいましたが、そのうちで最も愛したと言われるアーイシャは、9歳のときにムハンマドの妻になっているからです。ここから、9歳以上は「女」として扱う年齢になっているのです。

「革命の輸出」を目指す革命防衛隊

最高指導者は、行政、立法、司法の三権の上に存在していて、さらに軍隊の頂点にも立っています。またイランには、徴兵された一般国民によって構成される国軍の他に、革命防衛隊という軍隊があります。

イラン・イスラム革命の際、国軍は最終的に国王に反旗を翻し、革命側に与《くみ》しました。ホメイニ師はそうした状況から、国民が困窮したり、格差が広がったりすると、国軍の兵士の中に不満を持つ人が出てきて、クーデターなどが起こる可能性もあり得ると考えました。そこでホメイニ師は、いざというときには裏切るかもしれない国軍の他にイスラム革命を防衛するための軍隊を作ったのです。それが革命防衛隊です。

さらに革命防衛隊は「革命の輸出」を試みています。世界のイスラム教徒の9割近くはスンニ派で、シーア派は少数派です。イランは、周辺のスンニ派のイスラム国家で「革命」を起こさせて影響力を強めようとしているのです。

その結果、イスラエルを敵視するパレスチナのハマスを支援するほか、同じシーア派のレバノンのヒズボラ、イエメンのシーア派系武装組織フーシ派などを支援しています。こうした組織の連帯を、イランは「抵抗の枢軸」と呼んでいます。イスラム教徒の聖地エルサレムを占領したイスラエルは許されないし、さらにその背後には中東を支配しようとするアメリカがいる。イランはそう考えているのです。

イスラエルがハマスやヒズボラを攻撃していることにイランは怒りを募らせていますが、うっかりイスラエルを攻撃すると、報復攻撃を受けることになり、これが本格的な戦争に発展しかねません。イランは、そうしたジレンマを抱えているのです。

核開発は今後どうなるのか

イランの核開発も大きな問題です。２００２年、イランが秘密裏に核兵器を開発している疑惑が持ち上がります。イランの反政府勢力の暴露でした。当初イランは、核の平和利用を謳いますが、２００５年に保守強硬派のアフマディネジャドが大統領に就任すると、核開発を進めると宣言。国連安保理は、イランの核開発中止を求める決議を賛成多数で採択します。これを受ける形で2013年、穏健派のロウハニ師が大統領に就任すると、アメリカとの交渉に応じ、2015年、オバマ政権との間で核開発を一時停止する「イラン核合意」を結びます。

しかし、アメリカがトランプ大統領になると、オバマ大統領の功績をすべて潰そうと、イラン核合意から離脱。怒ったイランは、「アメリカは信用ならない」とウランの濃縮を再開しました。ここでもイランは、アメリカ大統領の勝手な判断に翻弄されたのです。ウランの濃縮とは核分裂を起こすウラン235の濃度を90％以上にまで高めること。すると広島型の原爆になるのです。

現在のイランは濃縮度を徐々に高めながらハマスやヒズボラ、それにイランに対する攻撃を止めないと「核兵器を完成させるぞ」という脅しに使っているのです。

イラン情勢を理解するためのきほん

- □ アメリカは、イランの西欧化を進め、それは「白色革命」と呼ばれる。
- □ 1979年、白色革命に反発し、イラン・イスラム革命が起こった。
- □ イスラム法学者が最高指導者として統治しており、大統領よりも権限を持っている。
- □ シーア派は、イスラム教においては少数派だが、イランでは国教であり、9割以上の国民がシーア派だといわれている。
- □ 国軍のほか、革命防衛隊という軍隊もある。「革命の輸出」のため、パレスチナのハマス、レバノンのヒズボラ、イエメンのフーシ派などを支援している。

第4章

「アメリカの無知のために大きな被害を被った」

フセイン政権が崩壊して内戦となったイラク

サダム・フセインは独裁者だった。
でも、今より治安は安定していた。
アメリカに攻撃された後、国内は混乱し、内戦となった。
スンニ派とシーア派の住民を遮断する壁まで建設されたのだ。

防弾車で移動したイラクの取材

2011年、私はイラクを取材しました。JICA（国際協力機構）が首都バグダッドで事務所を再開したのに合わせてのものでした。当時はバグダッドでテロが相次ぐ状況で、空港から中心部まではJICAが手配した防弾車での移動でした。車の中でも防弾チョッキを着用しました。

バグダッド市内では、米軍による厳重な警備が行われていたグリーンゾーンの中にあるイギリスの民間軍事会社の宿舎に宿泊しました。バグダッドといえば、チグリス川とユーフラテス川にはさまれた肥沃な大地で知られています。ところが、そのチグリス川の対岸のサドルシティには、イスラム教シーア派の武装組織の拠点があり、夜になるとグリーンゾーンに向けてロケット弾を発射してきます。グリーンゾーンの中にアメリカ大使館があるからです。

それに備えて、グリーンゾーンの上空には米軍の気球が浮かび、深夜にロケット弾の発射の光を感知すると、空襲警報が鳴るシステムになっていました。宿舎で寝る際は、「空襲警報が鳴ったら直ちに防弾チョッキを再着用し、ヘルメットをかぶってください」と注意を受けました。

当時のイラク取材は危険なため、社員を派遣することに消極的なメディアが多く、私のようなフリーランスが入って取材することが多かったのです。このときもフリーランスのカメラマンと一緒の取材でした。

翌朝、このカメラマンに会うと、「いやあ、空襲警報が鳴って、ロケット弾が近くに着弾する音が聞こえたねえ」と話しかけてくるではありませんか。熟睡していた私は、まったく気づかなかったのです。

東西冷戦が終わり、湾岸戦争が起きた

イラクがこれほどまでに治安が悪化したのは、2003年にアメリカのジョージ・ブッシュ大統領（息子）がイラクを攻撃したことがきっかけでしたが、そもそもイラクが世界から注目されるようになったのは、1990年、イラク軍が隣国クウェートを侵攻したからです。

この動きは、東西冷戦の終結から始まりました。1989年、ベルリンの壁

が崩壊し、東西冷戦が終わったことによって、世界は激変しました。かつてのソビエト連邦（ソ連）やアメリカの力が及ばない地域が出てきたのです。それまでの世界は、第三次世界大戦が勃発しないようにソ連とアメリカが圧倒的な力で抑え込んでいました。

当時のイラクはソ連側につき、ソ連型の社会主義を導入。ソ連の影響力が強かったのです。しかしソ連は経済力も軍事力も弱体化し、遂に崩壊。それでイラクは解き放たれました。アメリカもソ連という敵がいなくなり内向きになっていましたから、「いまがチャンスだ！」と考えたのでした。

侵略を命じたサダム・フセインは1979年から大統領として独裁権力を握っていました。イラクはバース党（アラブ復興党）の独裁で、党首だったフセインは、スンニ派を基盤としていました。

イラクはシーア派アラブ人が約60％、スンニ派アラブ人とクルド人（宗派はスンニ派）が約20％ずつの割合で、少数派のスンニ派を基盤としたフセインは、シーア派アラブ人やクルド人を弾圧していました。

イラン・イスラム革命に脅威を覚え、イランを侵略

1979年に隣国イランでイラン・イスラム革命が起きると、フセイン大統領はイランの混乱に乗じて1980年、イランを攻撃します。「イラン・イラク戦争」の始まりです。スンニ派のフセイン大統領は、イランがシーア派の原理主義国家になろうとしていることに脅威を覚え、革命を失敗させようとしたのです。あわよくばイランの石油も手に入れようという野心を持っていたのではないかとも言われます。

このイラクのイラン攻撃をアメリカはひそかに支援しました。アメリカ大使館占拠事件を起こし、反米国家になっていたイランを弱体化させようとしたからです。

ところがイランは、イラクの侵略によって混乱していた国内が統一され、イラクの侵略に立ち向かいます。イラクの侵略が、かえってイランの革命を成功させたのです。

また、イラク国内で弾圧を受けていたクルド人がイランの支援を受けて反乱

を起こしたことから、フセイン政権は、国内のクルド人に対して毒ガス攻撃を行います。毒ガス攻撃を受けたハラブジャという地方都市では民間人5000人が犠牲になりました。私は2011年に取材しましたが、記念館ができていて、目を覆いたくなるような悲惨な写真が多数残されていました。

イランの抵抗によって戦争は長引き、停戦が実現したのは8年後でした。長引く戦争の様子を、当時の日本のメディアは「イライラ戦争」と表現しました。

お金持ちの隣国クウェートを侵攻

イランとの戦争でイラクは経済が疲弊します。フセイン大統領にすれば、スンニ派アラブ人の代表としてシーア派ペルシャ人の脅威に立ち向かったつもりでしたが、アラブ諸国が支援してくれなかったことに不満を持ちます。

とりわけイラクの隣国クウェートは豊富な石油によるお金持ちの国。イランとの戦争中はクウェートから資金を借りていましたが、クウェートを占領すれば返済の必要がなくなります。こうしてフセインは、1990年8月、クウェートを侵攻したのです。「クウェートで改革運動をしているクウェート人たちがイラクに救援を求めたので応じた」という大義名分をでっち上げました。クウェートを占領した後、「クウェート人による臨時政権」なるものができましたが、メンバーは全員イラク人でした。

これが「湾岸危機」と呼ばれます。このときクウェートの王族は、さっさと自家用機でサウジアラビアに逃亡。クウェート軍もほとんど無抵抗でしたが、民家に立て籠ってイラク軍に抵抗した人たちもいました。彼らの多くが殺害され、弾痕が残るその場所は、侵略への抵抗の記念館になっています。

サウジアラビア、米軍の救援を要請

イラク軍のクウェート侵攻は、イラクとクウェートの両国と国境を接するサウジアラビアの国王を震え上がらせます。フセイン大統領の次の目標は、同じく石油が豊富なサウジアラビアかもしれないと怯えたのです。

そこでサウジアラビアの国王は、アメリカに救援を求めます。イラクからの

クウェートの人たちがイラク軍に抵抗した場所は、当時の状態のまま保存されており、現在はアル・クライン殉教者博物館となっている。(撮影・写真提供:著者)

侵略に備えようとしたのです。

これに反発したのがサウジアラビアの巨大財閥の息子の一人オサマ・ビンラディンでした。サウジアラビアにはイスラム教の聖地のメッカとメディナがあります。そこを異教徒の米軍に守らせるなど、あってはならないこと。そこで国王に「自分たちでサウジアラビアを守るから、米軍を国内に入れないでくれ」と求めます。

しかし、サウジアラビアの国王は、これを拒否。国王の態度を批判したビンラディンは国外追放処分になります。

追い出されたビンラディンは、いったんはスーダンに入った後、アフガニスタンに入り、反米テロネットワークの「アルカイダ」を結成。やがて2001年9月11日、アメリカ同時多発テロを引き起こすことになります。

イラクのクウェート侵攻が湾岸戦争に発展

イラクのクウェート侵攻という、独立国家による他の独立国家への侵略は、当時の世界に衝撃を与えました。東西冷戦が終わり、ソ連は崩壊。東欧諸国はソ連のくびきから逃れ、次々に資本主義国となり、民主主義を導入。もはや世界はアメリカ一強になっていました。

アメリカのジョージ・ブッシュ大統領（パパ・ブッシュ）は、アメリカ一極体制の下で国際秩序を維持するためにもイラクの暴挙を放置するわけにはいきませんでした。国連安全保障理事会でイラクを攻撃することを容認する決議を採択させ、多国籍軍を組織。1991年1月、イラクを攻撃します。

このときパパ・ブッシュは、多国籍軍が欧米のキリスト教国ばかりだと、「キリスト教国の軍隊がイスラム教徒の国を攻撃する」という構造になり、「現代版十字軍だ」という批判を受けることになると心配。サウジアラビア軍を中心とする「アラブ連合軍」の結成を求め、両者がイラクを攻撃する態勢を整えました。歴史をきちんと知っている大統領だと、こうして事前に危機を回避できるのです。

多国籍軍の攻撃にイラク軍はひとたまりもなく敗北。イラク軍はクウェートから撤退します。このとき米国内では「独裁者のフセインを倒す絶好のチャンスだから、このまま攻撃を続けるべきだ」という声もありましたが、パパ・ブッシュは、「もしフセイン政権が倒れると、イラクに権力の空白地帯が生まれ、新たな紛争や戦争の火種になる恐れがある」として、フセイン政権の存続を認めました。フセインの独裁を容認したのです。冷徹な判断でした。

クウェートが多国籍軍によって解放されると、クウェート政府は多国籍軍参加国に感謝する広告を各国の新聞に掲載しますが、この中に日本の名前はありませんでした。

日本は、アメリカから多国籍軍への参加を求められていましたが、当時の海部《かい ふ》俊樹内閣は、「日本の自衛隊を海外に派遣することはできない」と断り、代わりに総計130億ドル（当時のレートで1兆6500億円）もの資金を多国籍軍に提供しましたが、評価されなかったのです。

これ以降、「実際に汗や（場合によっては）血を流さないと世界では評価されない」と考えた自民党によって、自衛隊を海外に派遣できる法的枠組みの整備が進み、ＰＫＯ法が成立しています。

息子のブッシュ、「テロとの戦い」を宣言

湾岸危機によってサウジアラビアを追放されアフガニスタンに移ったオサマ・ビンラディンによって2001年9月に引き起こされたアメリカ同時多発テロをきっかけに、ブッシュ大統領（息子）は、「テロとの戦い」を宣言します。一時は「十字軍の戦いだ」と口走り、慌てた側近が訂正させるという一幕もありました。

十字軍とは、イスラム世界では「エルサレムをイスラム教徒から奪還する」という名目でのキリスト教徒による一方的な襲撃であり、無差別の殺戮《さつりく》をした軍隊という認識でした。その歴史的事実をわきまえていないブッシュ大統領の発言は、これ以降、イスラム過激派によって、「我々は現代版十字軍の侵略と戦うのだ」というテロの理由にされてしまいます。親子でも、これほどの理解の違いがあったのです。

その後、アメリカはアフガニスタンを攻撃して当時のタリバン政権を軍事力で倒すと、ブッシュ大統領は、次にイラクに照準を合わせます。

アメリカがイラクを攻撃

イラクは、湾岸戦争で敗北した後、国連の調査団が入り、フセイン政権が核兵器の開発や長距離ミサイルの開発を進めていたことを発見し、すべて禁止させていました。その後も国連の調査チームが定期的に査察に入っていましたが、フセイン政権が次第に査察を受け入れなくなっていました。このためブッシュ政権は、「もしイラクが大量破壊兵器を開発して、それがテロリストの手に渡ったら大変だ」と考えるようになったのです。

実はフセイン大統領は、イスラム原理主義勢力やテロ集団を嫌い、徹底的な弾圧で臨んでいたのですが、ブッシュ大統領はそんなことを知りませんでした。

ブッシュ大統領の思考過程は次のようなものでした。

イラクが大量破壊兵器を開発しているかもしれない→大量破壊兵器を開発していないという証拠を示さない→大量破壊兵器を開発しているに違いない→大惨事になる前にフセイン政権を打倒しなければならない

こうして2003年、米軍はイラクを攻撃します。背景には、ブッシュ大統領が石油産業の出身で、大統領選挙では石油産業からの多額の支援を受け、政権の中にも石油産業出身者が存在していたことがあります。イラクのフセイン政権が倒れ、親米国家になれば、イラクの石油を入手できると考えていた政権幹部がいたのです。

ブッシュ大統領がイラク攻撃に傾くことに対し、フランスやドイツなどの同盟国は大量破壊兵器が発見されていない以上、国連の査察を続けるべきだと主張しましたが、ブッシュ大統領はこれを受け入れませんでした。結果、パパの時代のような多国籍軍は組織できず、ましてアラブ連合軍の結成を働きかけるようなことはしないまま、イギリスなど少数の国と「有志連合」軍としてイラクを攻撃しました。

フセイン政権が崩壊し、国内が大混乱に

実はブッシュ大統領はイラク攻撃の1週間前、イラク情勢に詳しい専門家のレクチャーを受けています。このとき専門家は、「イラクはスンニ派のフセイン政権の恐怖政治により秩序が保たれているが、フセイン政権が倒れると、シーア派とクルド人が反乱を起こし、イラク国内は内戦状態になる危険性が高い」と説明を受けたといいます。このときブッシュ大統領は、イスラム教にはスンニ派とシーア派という2つの派があることを初めて知ったといいます。しかし、もはや手遅れ。米軍の圧倒的な戦力で、フセイン政権はあっけなく崩壊。アメリカが主体となって暫定政権を作ります。

もちろん大量破壊兵器は発見できませんでした。フセイン大統領は、大量破壊兵器を持っていないことが周辺の国家にわかると自国の防衛上不利になると考え、持っているふりをするために国連の査察に協力しようとしなかったこと

が、後になって判明します。

フセイン大統領は逃亡し、地方に潜伏していたところを発見されて、2006年、シーア派政権によって処刑されました。

フセイン政権崩壊後、とりあえずイラク統治の責任者になったのは、ブッシュ大統領に指名されたポール・ブレマーでした。彼の立場は、第二次世界大戦後に日本を統治したマッカーサーのようなものでした。

しかし、マッカーサーが、日本の事情を熟知したスタッフによって戦後統治を成功させたのに対し、ブレマーの統治は大失敗でした。イラクの国内事情を把握しないまま、フセイン政権がバース党独裁だったことから、バース党員全員を公職追放にしたのです。

実はフセイン政権時代、公職に就くにはバース党員になる必要がありました。バース党員が公職追放になったため、役人たちはもちろん、軍の将校や警察官、医師や看護師、教師が全員クビになってしまったのです。国内のあらゆる活動がマヒ。停電が続くようになり、炎暑の中でエアコンが使えず、国民のイライラが募ります。

さらにブレマーは新自由主義者だったことから、イラク国内の200社以上の国営企業を直ちに民営化します。貿易も自由化し、アメリカの企業が流れ込みます。当時は、イラク国民の生活向上より国営企業の民営化に熱心だったと評されました。

スンニ派のフセイン政権が崩壊したことで、政権を取ったのはシーア派でした。行政機関も警察機構も軍もシーア派が握ると、それまでの弾圧に対する報復を始めます。シーア派の警察官がスンニ派の住民狩りを始めます。警察官が道路で検問し、運転者の免許証をチェック。オマルなどスンニ派に特有の名前だと判明すると、自動車から引きずり出して銃殺する。こんなことが横行しました。

これに対し、元警察官や元兵士のスンニ派も武器を持って対抗。悲惨な内戦状態となります。ブッシュ大統領に警告した専門家の予言通りになったのです。

日本はアメリカの攻撃を支持

アメリカ軍のイラク侵攻直後に、ブッシュ大統領と仲の良かった小泉純一郎首相は支持を表明します。他の国々がアメリカを批判したのに対し、異色の姿勢でした。

その後、自衛隊派遣の検討に入り、本格的な戦闘の終了後の2003年7月に「イラク特措法」が成立し、2004年1月に陸上自衛隊・航空自衛隊を、「非戦闘地域」に限定した人道的復興支援を目的として派遣しました。

法案の審議をめぐっては、野党が「非戦闘地域とはどこか」と問いただしたのに対し、小泉首相は「自衛隊が派遣される地域が非戦闘地域だ」という迷答弁をしたものです。

激しい内戦の中でＩＳが誕生

激しい内戦の中で、スンニ派の中から過激派が生まれます。シーア派を目の敵にして残酷なテロを実行するようになったのです。

当初は「イラクのイスラム国」と称していましたが、2011年に「アラブの春」と呼ばれた民主化運動が広がり、隣国シリアが内戦状態となると、組織名を「イラクとシリアのイスラム国」（正確には「イラクとシャームのイスラム国」、シャームとはシリア周辺の古い地域名。日本では知名度がなかったのでシリアの名称が使われた）に変更し、シリアに介入。シリアで中央銀行を襲撃して現金を強奪したり、政府軍や反政府軍を見境なく攻撃して兵器を獲得したりして、組織を拡大し、イラクに凱旋《がいせん》します。そこで組織名を、ただの「イスラム国」（IS）に変更します。もはや特定の地域をイスラム原理主義勢力の領土にするのではなく、世界を「イスラム化」するという野望を明らかにしたのです。

こうしてISは占領地域を拡大。その領地の行政機関を担ったのは、アメリカのブレマーによって公職をクビにされていた元公務員たちでした。

これ以降、ISのテロは、世界に拡大していきます。

石油が採れることでアメリカの石油産業に支えられたブッシュ政権によって

狙われ、この地域に無知な大統領と、その大統領に派遣された人物によって、イラクは悲惨な事態になりました。一連の事態で、イラク国民約10万人が犠牲になったと推定されています。

スンニ派とシーア派を遮断する壁

イラク国内の内戦は、あまりに多くの犠牲者を出し、国民の間に内戦はこりごりだという空気をもたらします。その結果、首都バグダッドなどスンニ派住民とシーア派住民が混在する地域では、両派を遮断する壁が建設されました。「共生しようとしなければ紛争は起こらない」という冷酷な現実でした。

いまもイラクはシーア派による政権で、治安は改善されていません。政権幹部の汚職も蔓延しています。イラク国民の中には「フセイン政権の時代は少なくとも治安は良かった」と懐かしむ声が出ています。

ＩＳに関しては、アメリカがクルド人の武装組織に武器を与え、ＩＳと戦うように仕向けました。米軍を新たに送り込むと米兵の中に犠牲者が出て、国内で批判を受けるからというオバマ大統領の判断からでした。

結局、クルド人は多数の犠牲を払いながら、イラク国内のＩＳを壊滅状態に追い込みました。

米軍の戦闘部隊は既に撤退しましたが、治安が悪化していることから、治安維持のために２５００人の米軍がイラク国内に留まっています。米軍基地に対しては、ときおりシーア派武装勢力によるロケット弾攻撃が起きています。イラクから撤退したくてもできない。アメリカは、いまも自らが蒔いたタネに苦しんでいるのです。

イラク情勢を理解するためのきほん

- □ イラン・イスラム革命が起きると、スンニ派のフセイン大統領は、イランがシーア派の原理主義国家になることに脅威を覚え、イランを攻撃。
- □ イランとの戦争で、イラク経済は疲弊し、お金持ちの隣国クウェートに侵攻。パパ・ブッシュ米大統領は、多国籍軍を結成してイラクを攻撃。
- □ アメリカ同時多発テロをきっかけに、息子のブッシュ大統領は、「テロとの戦い」を宣言。アフガニスタンに次いで、イラクを攻撃。
- □ フセイン政権の崩壊後、シーア派が政権を取るが、国内は混乱。激しい内戦の中、スンニ派の過激派が生まれ、ISとなった。

第5章

「我々はアラブの王国だ」

大きく変貌する石油大国サウジアラビア

我々はイスラム教の聖地である
メッカとメディナを擁している。
石油の産出量を決めるＯＰＥＣの盟主でもある。
アメリカでさえ、我が国には頭があがらないのだ。

在イスタンブール・サウジアラビア領事館での殺人事件

２０１８年、サウジアラビア人のジャマル・カショギ記者は、婚姻届けを出すためにトルコのイスタンブールにあるサウジアラビアの領事館を訪ねます。同行していた妻は領事館の外で待っていたのですが、いつまで経っても夫は出て来ません。領事館の中で殺害され、身体はバラバラにされていたのです。身体つきが似ている男性が領事館から出る姿が監視カメラに映っていました。「カショギ記者は帰った」という形を取るものでした。領事館が組織ぐるみで殺人と証拠隠滅をしていたのです。「夫が出てこない」と妻がトルコの警察に相談したことから、事件が発覚しました。

トルコの諜報《ちょうほう》組織は、サウジアラビア領事館の内部の様子を盗聴して記録していました。カショギ記者が殺害され、身体がバラバラにされる一部始終が録音されていたというのです。

カショギ記者は生前、アメリカの「ワシントン・ポスト」紙にサウジアラビアの現体制を批判する記事を寄せていました。このために殺害されたと見られています。

カショギ記者が領事館を訪ねる時間に合わせ、サウジアラビアの皇太子の警護官たちがサウジアラビアから到着し、領事館に入っていました。これは、事件後、トルコが防犯カメラを分析して明らかになりました。

カショギ記者は以前にも領事館で手続きをしようとしたのですが、この日に来るように指示されていたそうです。この日、待ち伏せされていたのですね。

これだけ証拠が揃っていたのですから、サウジアラビアは、警護官たちが殺害に加わっていたことを認め、彼らを「逮捕した」と発表しました。皇太子は関与してはいないと発表しましたが、絶対的な権力を持っている皇太子の警護官が、勝手な行動を取れるとは思えませんでした。

そして2021年2月、アメリカの国家情報長官室は、カショギ氏殺害事件について、ムハンマド皇太子がカショギ氏の「拘束もしくは殺害する作戦を承認した」とする報告書を公表しました。

この報告書は、実はトランプ政権時代にまとめられていましたが、トランプ大統領はサウジアラビアとの関係悪化を恐れて、発表を差し止めていました。バイデン大統領になってから、公表に踏み切ったのです。

サウジアラビア政府は、この報告書の内容を全面的に否定。事件は個人の犯行だとして皇太子の責任を認めていません。

アメリカのバイデン政権は、この報告書にもとづいて、サウジの情報機関の副長官や皇太子の警備隊の特殊部隊の責任者に対する制裁を発表しましたが、皇太子の責任には言及しませんでした。

トランプ大統領は、そもそも報告書を握りつぶしましたが、人権を大切にすることを標榜しているバイデン政権としては、報告書を公表せざるを得ませんでした。それでも皇太子は別格だったのです。

アメリカに大量に石油を売ってくれて、得たドルでアメリカの兵器を大量に買ってくれるサウジアラビア。そんな関係にある国の実質的なトップを敵に回したくはなかったのです。

バイデン大統領に恥をかかせる

しかし、サウジアラビアの皇太子は、このバイデン大統領の対応を恨んでいたことが、2022年になってわかります。石油をめぐってしっぺ返しをしたのです。

この年、ロシアがウクライナに軍事侵攻したことで、石油価格が高騰。その影響で、アメリカでは物価が上昇し、11月の中間選挙を前にバイデン政権は無力だという批判が出ていました。そこでバイデン大統領は恥を忍んでサウジアラビアを訪問。ムハンマド皇太子に石油の増産を頼んだのです。

バイデン大統領は、カショギ記者殺害の責任追及を棚上げしてまで、ムハンマド皇太子に膝を屈し、石油増産を頼みました。これにはアメリカ国内で「人権より石油の方が大事なのか」という批判も出ていました。

そんな屈辱外交をしたにも関わらず、この年の10月、つまり中間選挙の前月、サウジアラビアを盟主とするOPEC諸国は石油の減産を決めたのです。

OPECは石油輸出国機構の英語の頭文字。石油の産出国によるカルテルで、協力して石油の産出量をコントロールしています。石油の値段が下がれば、協調して産出量を削減。そうすれば、「需要と供給」の関係で石油の値段が上がります。これで利益を確保するわけです。

一方で、値段が上がり過ぎると、石油が買えない国が出て需要が減る恐れがあるので、産出量を増やして石油価格を下げます。

このグループに入っているのはサウジアラビアやアラブ首長国連邦（ＵＡＥ）、クウェートなど12か国です。でも、ＯＰＥＣに入っていない産油国もあるので、ＯＰＥＣが石油の産出量を削減しても、他の国が生産を増やしたら、石油価格がうまくコントロールできません。そこで最近は、ＯＰＥＣ以外の産油国も参加して産出量を決めています。この集まりのことを「ＯＰＥＣプラス」と呼びます。「プラス」に入るのはロシアやメキシコ、バーレーンなど11か国です。

とはいえ、ＯＰＥＣの盟主であるサウジアラビアと、プラスの中心国ロシアが主導して生産量を調整しているのが実態です。

このＯＰＥＣプラスが２０２２年10月、11月から日量２００万バレルの減産を実施することで合意しました。この減産量は、世界の需要の2パーセントに相当します。この発表があった途端、石油の国際価格は大きく上昇しました。

バイデン大統領は同年7月、わざわざサウジアラビアを訪問し、ムハンマド皇太子に石油価格を下げるべく石油の増産を依頼していたのに、逆に減産されてしまったのです。バイデン大統領の面子は丸潰れ。ムハンマド皇太子に仕返しをされたのです。

アメリカはサウジアラビアに頭が上がらない。それを象徴する出来事でした。

絶対的な力を持つサウジアラビアの皇太子とは

これだけ独裁的な力を持つ皇太子とは、どんな人物なのでしょうか。

皇太子の名前はムハンマド・ビン・サルマン。「ビン」は「～の息子」という意味なので、「サルマンの息子」という名前です。名前の英語の頭文字をとってMBSとも呼ばれます。日本でMBSといえば大阪に本社がある「毎日放送」のことですが。

原油の生産国ランキング（2023年）

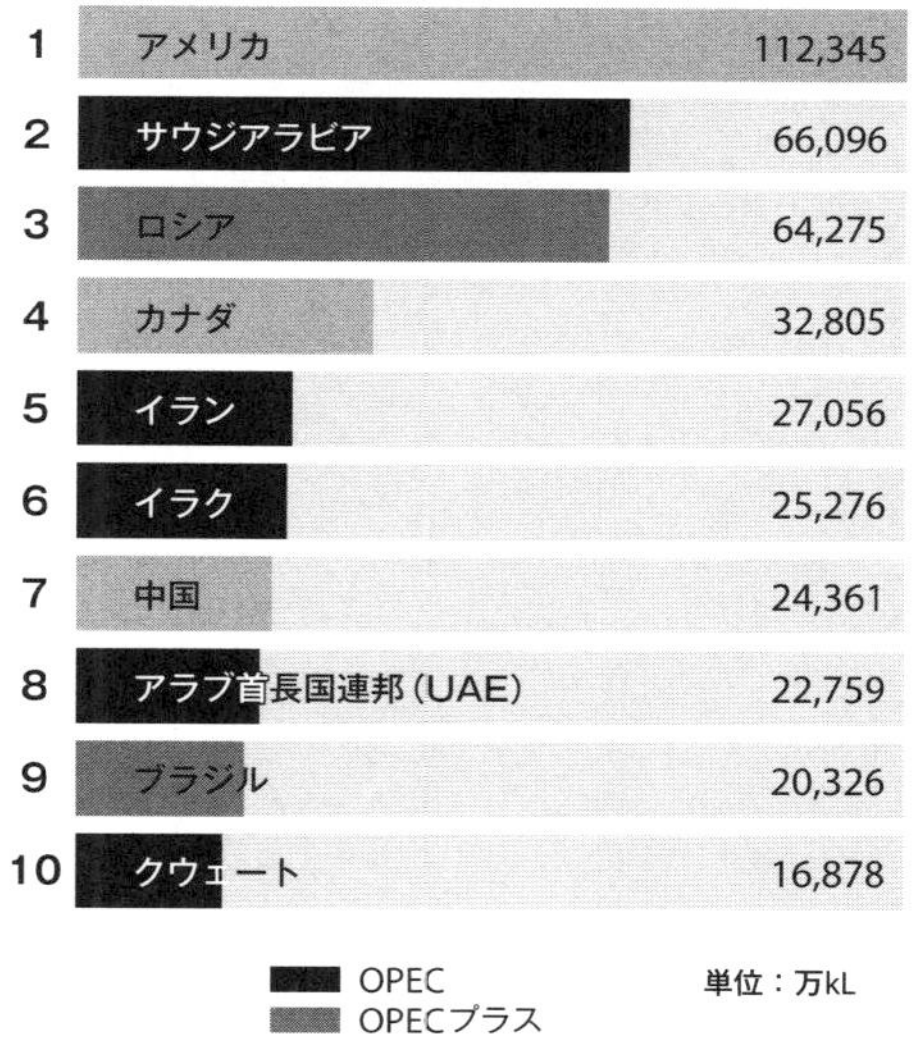

アメリカが、生産量は世界１位となっているが、消費量も世界１位のため、輸入量も多い。輸出量でみると、サウジアラビアが世界１位となっている（いずれも2023年の数値）。

参考：「世界国勢国会 2024/25」（矢野恒太記念会）

サウジアラビアといえば、長らく石油の埋蔵量世界一でした（現在は、ベネズエラに次ぎ2位）。サルマン国王が2017年3月に来日した際には、大量の高級車のハイヤーをチャーターしたり、五つ星ホテルの部屋を多数押さえたりしたことで話題になりました。高級ハイヤーの車種はベンツとBMWが指定されました。トヨタのクラウンではダメだったそうです。これだけの高級車は、東京周辺だけでは確保できず、ハイヤー会社は、大阪など全国各地から集めるのに苦労しました。

さすが大金持ちの国と改めて驚いた人も多かったことでしょう。専用機のタラップからエスカレーターで降りてくる映像は話題になりました。

サウジアラビアとは「サウド家のアラビア」という意味です。国家全体がサウド家の持ち物なのです。サウド家がすべての権力を掌握する絶対王政です。国王は高齢で実際の執務はできなくなっているとされ、皇太子が実質的な独裁者です。

サウジアラビアの国王には「二つの聖地の守護者」という敬称があります。

イスラム教の聖地は三つあります。神殿があるメッカと預言者ムハンマドの墓（預言者のモスク）があるメディナ、そして岩のドームがあるエルサレムです。エルサレムはユダヤ教の聖地でもあり、現在はイスラエルが統治。三つのうちの二つを守っているのですから、イスラム教徒の間での権威は高くなります。

しかも１９３８年に大規模な油田が発見されたことで、経済的にも強大な力を持つようになりました。

『コーラン』と『ハディース』が憲法の役割を果たす

サウド家は18世紀半ば、イスラム原理主義の指導者ムハンマド・アブドルワッハーブと盟約を結びます。政治はサウド家が、宗教はアブドルワッハーブが受け持つという約束です。

イスラム教はスンニ派とシーア派に大別され、アブドルワッハーブの教えはスンニ派ですが、非常に厳格で、ワッハーブ派と呼ばれます。

建国以来、憲法は『コーラン（クルアーン）』と預言者ムハンマドの言行録である『ハディース』とされています。1993年に「統治基本法」が公布され、憲法の役割を果たすようになりましたが、いまも実質は『コーラン』と『ハディース』なのです。

ワッハーブ派には「神の主権」という考えがあります。真の主権者はアッラー（神）であり、人間が勝手に憲法を制定することはできないというのです。では、主権者である神の意思は、どうやってわかるのか。それは、預言者ムハンマドに与えられている。だから『コーラン』が憲法だというわけです。

イスラム教の戒律は厳格に守られ、酒は禁じられています。サウジアラビアに入国するときは、アルコール類を持ち込んでいないか、荷物が徹底的にチェックされます。和食につきものの味醂も持ち込みは認められていません。

刑罰も独特で、死刑執行は斬首。毎週金曜日の集団礼拝の後に執行されます。窃盗犯は手首を切り落とします。現代でも、こうした慣習が守られているのです。

サウジアラビアに多数の王族がいる理由

いまのサウジアラビアが建国されたのは１９３２年。１９０２年に22歳だったアブドルアジーズ・イブン・サウド氏が、先祖伝来の都市リヤドをラシード家から奪回して首都に定め、その後も版図を広げ、１９３２年に現在のサウジアラビアの初代国王となりました。

当時のサウジアラビアは奴隷制が残っていたため、アブドルアジーズ国王には正規の妻のほか奴隷の身分の妻が多数いたと伝えられています。イスラム教では妻は４人までと定められていますが、奴隷は妻の数には入らないからです。

また、妻の数は常に４人を守っていればいいので、離婚と結婚を繰り返すことで延べ人数ではもっと多いとも伝えられます。当時のアラビア半島には多数の部族が存在していたため、アブドルアジーズ国王は、それぞれの部族の女性たちと結婚を繰り返すことで親戚関係を結び、アラビア半島を統一していったのです。

その結果、子どもの数は89人。うち男子は52人とされていますが、正確な数ははっきりしません。ただし、王位継承者を産んだ4人の妻の名前は記録として残っています。中でも三番目のハッサ妃が最愛の妻と言われ、二人の間に生まれた7人の男子は「スデイリーセブン」と呼ばれます。ハッサ妃がスデイリー家の出身だったからです。現在のサルマン国王も「スデイリーセブン」の一人です。

1953年、アブドルアジーズ国王が亡くなると、息子のサウードが即位しますが、失政で退位させられ、異母弟《いぼてい》のファイサル国王が即位します。1973年の第四次中東戦争で、アラブの産油国はイスラエルを支援する国には石油の販売を停止もしくは制限することを決め、原油価格の引き上げを一方的に宣言。石油を武器にしたことで、オイルマネーが流れ込み、いまの石油大国を築きます。

当時、日本ではオイルショックとなり、サウジアラビアの動向がしばしばニュースとなり、そのたびにファイサル国王の名前が報じられました。

しかし、そのファイサル国王は甥に暗殺され、異母弟のハリド国王が即位。

その後も、次々に異母弟が即位していきます。

2015年、現在のサルマン国王が即位すると、異母弟のムクリン皇太子が誕生します。ところが、ムクリン皇太子はまもなく解任され、異母弟の息子のナーイフが皇太子となります。このとき副皇太子になったのが、サルマン国王の息子のムハンマド・ビン・サルマンでした。そこで、いずれ息子を皇太子にするのではないかと見られていたのですが、2017年6月、その通りになりました。皇太子が追い出され、ムハンマド副皇太子が皇太子に昇格したのです。まさに皇太子が「交代し」たのです。

いまのサウジアラビアを建国したアブドルアジーズ国王を第一世代とすると、その後の国王は、いずれもアブドルアジーズの息子たち。つまり第二世代でした。ムハンマド皇太子が国王になれば、第三世代の誕生です。

ムハンマド皇太子は、就任時31歳。現在は39歳です。高齢の国王や皇太子が続いていただけに画期的でした。この皇太子が絶大な権力を掌握したのは、「汚職摘発」によってでした。

「汚職摘発」で権力基盤築く

汚職が蔓延する国で権力基盤を確立するためには、ライバルとなる有力者を汚職の容疑で逮捕していくこと。こうすれば、汚職にウンザリしている国民の支持が得られますし、ライバルを潰すことができます。まさに一石二鳥です。中国の習近平国家主席が権力基盤を確立した手法を、ムハンマド皇太子も採用しました。

２０１７年11月、サウジアラビアの王族11人を含む政府高官が多数汚職容疑で逮捕されたと報じられました。大粛清《だいしゅくせい》です。

この報道の数時間前、ムハンマド・ビン・サルマン皇太子を議長とする汚職対策最高委員会が、国王の命令で設立されています。要はムハンマド皇太子が辣腕《らつわん》を振るえるようにしたということです。

汚職の捜査なら、警察があるわけですから、既存の法律に則って捜査すればいいはず。それをせずに、専門組織を新設して取り組むのですから、絶対的な権力を行使しようとしたのです。

この一斉逮捕がとりわけ世界から注目されたのは、世界でもトップクラスの大富豪も逮捕されたからです。それがアルワリード・ビン・タラル王子です。アルワリード王子は大型投資会社だったキングダム・ホールディング・カンパニーのオーナーであり、アメリカの金融機関シティ・グループやツイッター社（当時）など多数の企業に投資して、大株主になっていました。典型的な「アラブの金持ち」として紹介されるのが常でした。

こんな大物投資家ですら逮捕されたのですから、サウジ国内の王族たちは震え上がります。誰もムハンマド皇太子に逆らえなくなります。

とはいえ、これだけの大物を多数逮捕したとなると、通常の警察の留置場ではふさわしくないということでしょう。逮捕された王族たちは、なんと最高級ホテルのリッツカールトンに収容されたのです。

このホテルには、この年の５月に訪問したアメリカのドナルド・トランプ大統領も宿泊したほど。ここが、王族逮捕のニュースが流れて以降、宿泊客が締め出され、予約が取れない状況になりました。当時私もこのホテルの予約サイトを見たのですが、予約が取れないようになっていました。

最高級ホテルに宿泊では、逮捕と言わないだろうと突っ込みを入れたくなりますが、さすがサウジアラビア。こんなところまで突出しています。

穏健なイスラム政治に転換

ムハンマド皇太子に対しては、宗教保守派から反発が出ていました。サウジアラビアでは、これまで女性の自動車の運転が認められませんでしたが、2018年に皇太子が解禁したのです。宗教保守派は、「女性が一人で運転するようになると、家族以外の男性と知り合う機会が生まれるから危険だ」と主張してきました。その主張が覆されたのです。

また、この年の10月には首都リヤドで開かれた経済フォーラムで演説し、過激主義のイデオロギーを排し、穏健なイスラムに立ち返るべきだと主張しました。

サウジアラビアは厳格なワッハーブ派で、女性は家族以外の男性に素顔を見せることはできませんでした。マクドナルドでさえ、席は男性と家族用の席に分かれていました。そもそも女性は男性の家族と一緒でないと外出できないので、女性席はなく、家族席だったのです。

これではサウジアラビアの経済発展には限界があると考えたのでしょう。穏健なイスラム政治に転換させ、海外からの投資を呼び込もうとしているのです。

大きく変わるサウジアラビアの様子を探ろうと2023年末に久しぶりに現地を訪ねました。街ではヒジャブで髪を隠すことなく歩く女性の姿を見かけました。女性が一人で自動車を運転しているのを確認し、サウジアラビアの変貌を実感しました。レストランの多くも男性客と家族用という区別がなくなっていました。

皇太子による一連の改革の結果、映画館も誕生しました。それまでは「映画や音楽などの娯楽は天国に行ってから楽しめばいい」とされ、映画館が認められていなかったのですから、大きな変化です。

仰天の砂漠のプロジェクト

そのサウジアラビアでいま、仰天のプロジェクトが進んでいます。未来都市THE LINEです。砂漠に全長170キロ、幅200メートル、高さ500メートルの高層直線都市の建設が始まっているのです。

プロジェクトを進めているのはNEOMという企業。取締役会長はムハンマド皇太子その人です。つまり皇太子肝いりのプロジェクトです。

屋根があり、太陽光発電と風力発電の再生可能エネルギーですべてがまかなわれます。幅は200メートルしかない細いものですが、両側の壁は全面ガラス張り。それで狭さを感じさせない仕組みです。

この都市は最終的に900万人を受け入れるのだそうです。都市の中は一年中快適な気温が保たれ、170キロもの細長いものですが、端から端までは20分で移動できる高速鉄道が計画されています。

外はアラビア半島の砂漠でも、都市の中は人工の気候で快適に過ごせる。さて、あなたは、この都市に住みたいですか。

やがて来るカーボンニュートラルの時代に石油を使わずに生活できる都市。しかし、それを建設するために、これまで石油を輸出して稼いできた豊富な資金が使われています。

国内で誰も逆らえない権力を持ち、アメリカをはじめ世界各国が膝を屈するサウジアラビアのムハンマド皇太子。中東世界をどこに持って行こうとしているのでしょうか。

サウジアラビア情勢を理解するためのきほん

- □ サウジアラビアとは「サウド家のアラビア」という意味。サウド家がすべての権力を掌握する絶対王政。
- □ 第四次中東戦争で、サウジアラビアをはじめとするアラブの産油国が原油価格を上げたことで、オイルマネーが流れ込み、石油大国となる。
- □ サウジアラビアを建国した国王の孫が、現在権力を握るムハンマド皇太子。穏健なイスラムに立ち返るべきだと主張し、経済の発展に力を入れる。
- □ 再生可能エネルギーですべてがまかなわれる高層直線都市THE LINEの建設が、皇太子肝いりのプロジェクトとして進んでいる。

第6章

「優れた指導者がいれば独裁国家でも発展するのだ」

世界から投資を呼び込むＵＡＥ

我々は、７つの首長国が集まってできた国だ。
１９５０年代に石油が発見され、急激に経済成長した。
なかでもドバイは、当時の首長の才覚で、成長が突出。
世界から投資を呼び込み、きらびやかな街ができたのだ。

ドバイは石油に頼らずに発展した

アラブ首長国連邦のドバイの航空会社であるエミレーツ航空に初めて乗ったのは十数年前。エコノミー席なのにエンターテインメントのチャンネルが500以上あるのに驚いていたら、夕食後に機内が暗くなると、天井に星がきらめくのに仰天。

日本の航空会社とのあまりの違いに驚きました。長時間のフライトも気にならず、ドバイ空港到着は、現地時間の午前4時過ぎ。空港は24時間休みなく、免税店が延々と続く広大さに度肝を抜かれました。あまりのスケールの大きさに、日本の空港の貧弱さが恥ずかしくなりました。

午前4時過ぎの到着は早すぎると思っていたら、午前8時頃から次々に航空機が飛び立っていきます。これが、中東の地理的な優位性を生かした戦略でした。欧州とアジア、アフリカ、南北アメリカを結ぶ結節点《けっせつてん》に位置するのがドバイ。ここで乗り継いでどこにでも行けるようにしていたのです。

ドバイといえば、きらびやかに発展する未来都市のイメージがあります。

「さすが石油が採れるからだ」と感心する人もいるでしょうが、実はドバイが発展したのは、逆に石油があまり期待できなかったからなのです。石油に頼らず、首長の知恵が発展を切り開いたのです。

ミキモトの真珠にやられた湾岸諸国

ドバイなどアラブ首長国連邦（UAE）やカタール、バーレーンなどはペルシャ湾に面し、「湾岸諸国」と呼ばれています。ちなみに私たちは「ペルシャ湾」と呼びますが、伝統的にペルシャと対立してきたアラブ諸国は、ペルシャの名前がつくことを嫌い、「アラビア湾」と呼んでいます。

双方の争いに巻き込まれたくない他国や報道機関は、単に「湾岸」あるいは「湾岸諸国（The Gulf countries）」と呼んでいるのです。

この湾岸地域では、20世紀の初めまで天然真珠の採取が主な産業でした。当時の真珠は「人魚の涙」とも呼ばれ、採取が大変なだけに高値で取引されていました。この産業構造を破壊したのが、日本のミキモトでした。

1893年、ミキモトの創業者である御木本幸吉《みきもとこうきち》は、三重県の英虞湾《あごわん》で、世界で初めて真珠の養殖に成功しました。ミキモトの真珠は、瞬く間に世界を席捲《せっけん》。湾岸諸国で採取されていた真珠の価格は暴落し、産業として成立しなくなってしまいました。

日本のミキモトが、湾岸諸国の産業構造を変えることになったのです。

「海賊海岸」と呼ばれていた

湾岸諸国のうち、現在のＵＡＥやオマーンのあるあたりは、19世紀にイギリスによって「海賊海岸」と名付けられました。ペルシャ湾（アラビア湾）を通るイギリスの艦船が、しばしば「海賊船」の襲撃を受けたからです。

インドを植民地にしたイギリスは、「インドへの道」を開拓するため、18世紀にイランに拠点を築き、インドからの物資を陸揚げしてイギリスに運んでいました。インドを統治するための中継地として重視していたのです。

イギリスの東インド会社の船が大量の積み荷を運んで、現在のホルムズ海峡のあたりを通ると、湾岸地域に住む部族が積み荷を狙って、しばしば船を襲撃するようになります。そこでイギリスは、この地域を「海賊海岸」と名付けました。

このネーミングは、イギリスが湾岸の部族を一方的に悪者に仕立てあげるものだったという批判もあります。

ところが以前、UAEを構成する、ある首長国の首長の弟にテレビ番組の取材でインタビューしたことがあります。取材が終わってカメラが回っていないときに、この人が私に囁《ささや》くではありませんか。

「かつて先祖が沿岸を通る船から通行料を取っていたとき、イギリス海軍の襲撃を受け、すべての船を焼かれてしまったことがある。だからイギリスには逆らってはダメだ」と。

「通行料を徴収していた」とは、これも見方によっては「海賊行為」と見なされるかもしれません。

「海賊行為」に手を焼いたイギリスは「海賊行為」を取り締まるという名目で

有力部族を攻撃する一方、1820年には湾岸の部族の首長との間で「海賊行為停止に関する休戦条約」を締結します。この結果、湾岸地方は「海賊海岸」から「休戦海岸」と言われるようになったのです。

「首長国連邦」の成立

第二次世界大戦後、イギリスの影響が弱まると、この地域で独立の動きが高まります。それまでは、いくつもの「首長国」が存在していましたが、これらが集まって連邦を構成しようということになったのです。

1971年、アブダビ、ドバイ、シャルジャ、アジュマーン、ウンム・アル＝カイワイン、フジャイラの各首長国が集合して、連邦を建国。翌1972年、ラアス・アル＝ハイマが加入して、現在の7首長国による連邦の体制が確立しました。

それにしても「首長国」とはなじみのない名称です。要は王国なのですが、「首長」とはアミールのこと。イスラム世界では国王の次の位を意味します。

首長は世襲で、それぞれの国の中では絶対的な権威です。

それが「国王」と名乗らないのは、この地域で「国王」といえば、イスラム教の二つの聖地を守護するサウジアラビアだからです。サウジアラビアに遠慮して（忖度して）国王と名乗らず、「首長」とへりくだっているのです。

こう言うと、ではヨルダンやモロッコなどの王国はどうなんだという突っ込みが入るかもしれませんが（え？　思いつかなかった？）、いずれもサウジアラビアが王国として成立する前から存続していたからです。さらにヨルダンの国王もモロッコの国王もムハンマドの血筋をひくとされていて敬意が払われ、イスラム世界では「国王」と呼ぶことに批判は起きません。

アブダビとドバイが中心

アラブ首長国連邦は名前の通り7首長国の連合国家ですが、大統領はアブダビの首長、副大統領兼首相はドバイの首長が世襲的に任命されています。首都はアブダビにあります。地図を見ると、アブダビが広い面積を持ち、続いてドバイで、ほかの5つの首長国は小さな面積しかありません。

連邦の最高意思決定機関は連邦最高評議会で、連邦を構成する7首長国の首長で構成されています。政党の結党は禁止され、連邦には政党が存在しません。首長が絶対権力を持っているのだから政党は必要ないというわけです。

アブダビとドバイ以外の5つの首長国の首長は、それぞれ連邦国家の大臣に就任しています。

定員40人で任期4年の議会もありますが、議員の半数の20人は各首長が選び、残り半数については、2005年に初めて国民が直接選挙することができるようになりました。

石油の発見で発展

1950年代にはこの地域で石油の探査が始まり、アブダビとドバイで油田が発見されます。これをきっかけにUAEは急激に経済が成長しますが、とりわけドバイの成長が突出していました。そこには当時のドバイの首長だったラーシド・ビン・サーイド・アル・マクトゥーム（現首長の父）の才覚がありました。

そもそもドバイは石油の産出量が少なかったため、石油に頼らない国造りを計画します。当時石油が大量に産出されていたクウェートからの融資を受けて、ドバイの旧市街に面したクリーク（入り江）の浚渫《しゅんせつ》（水底の土砂を掬い取る）工事をして拡張。大型船が停泊できるようにして、貿易の中継地とします。

さらに旧市街から離れた砂漠地帯に巨大な港を建設し、その一帯を「フリーゾーン」（経済特区）とします。この場合の「フリー」とは無税という意味。この地区に進出した企業は法人税が免除されるばかりでなく、従業員の所得税も免除されます。中東を拠点に世界を相手にする企業が、次々にやってきました。

この人たちの輸送のためには航空会社が必要です。1985年にドバイの国営航空会社として「エミレーツ航空」を設立します。「エミレーツ」とは「首長国」という意味です。ドバイ空港が「ハブ空港」として発展します。ちなみに「ハブ」とは自転車の車輪の中心軸のこと。ここからタイヤを支えるために伸びる多数の金属製の柱を「スポーク」といいます。つまり、世界中から飛んできて、再び飛び立って行く航空機がスポークで、中心軸がドバイ空港というわけです。

たとえば、アフリカのケニアや南アフリカで朝に切り取られたバラの生花は、その日のうちにドバイに空輸され、翌日には日本の空港に到着します。最近、日本でバラの生花が以前より安くなったのは、ドバイ空港の存在があるからなのです。

海外からの投資でドバイの街はきらびやかに

こうしてドバイが発展すると、世界的企業が次々に進出あるいは投資をするようになります。ドバイのきらびやかな街づくりは、ドバイ政府が資金を出したのではなく、海外からの投資で成り立っているのです。

ただし、ビルなどさまざまなインフラ施設の建設現場で働いているのは外国人労働者ばかりです。ドバイは、低賃金労働者の苛酷な労働によって成り立っているのです。とりわけ建設労働者はインド人です。彼らが住む旧市街には、いつもカレーのスパイスの香りが漂っています。

ドバイ発展の基礎を築いた先代の首長が亡くなった後も、ドバイは発展を遂げています。2021年にはドバイ万博が開かれました。コロナ禍の影響を受け、観客の入りはいまひとつでしたが、跡地のパビリオンの数々は環境問題を考える施設になっています。2023年に跡地を訪れましたが、地元の子どもたちが環境問題の勉強に訪れていました。さらに同年11月から12月にかけては、地球温暖化対策の国際会議「COP28」の会場として使われました。

こういう具体例を見ると、大阪万博の跡地利用はどうなるのだろうと思ってしまいます。

ドバイとアブダビがライバルに

こうしてドバイは急激に成長を始めますが、アブダビは石油が豊富に採れるため、豊かさに安住し、開発が立ち遅れていました。

これにしびれを切らしたアブダビの首長の弟が宮廷クーデターを起こして実権を掌握。そこから、遅ればせながら開発が始まりました。UAEは、ドバイとアブダビとがライバルとなって発展するのです。

ドバイがエミレーツ航空で発展すると、アブダビも2003年に「エティハド航空」を設立します。「エティハド」とは「連邦」の意。エミレーツがドバイ首長国の国営企業なのに対し、エティハドはUAE、つまり連邦国家の国営企業です。どちらも常に最新の機材を使用するなどサービス競争をして人気のエアラインになっています。

両方のエアラインに乗ったことがある個人的な感想としては、どちらも機材やサービスに遜色はないものの、機内のエンターテインメントに関しては、日本の音楽の充実度でエミレーツに一日《いちじつ》の長があるという感想です。余計な感想でした。

「ドバイ・ショック」が襲った

順調に発展してきたかに見えたドバイですが、2008年に起きた「リーマン・ショック」の影響を受け、2009年に資金繰りに行き詰まります。ドバイでの経済開発を展開してきた政府系企業「ドバイ・ワールド」が、融資を受けてきた資金の返済が難しくなり、返済の猶予を求めたのです。「あのドバイですら資金繰りに苦しむようになったのか」と世界の金融界に衝撃を与え、「ドバイ・ショック」と呼ばれました。

そこでドバイは、ライバルのアブダビに援助を頼みました。アブダビ首長国は100億ドルの融資を決め、ドバイ・ショックは沈静化に向かいます。

このとき「ドバイ・ワールド」は、高さ約830メートルと世界一の高さを誇る超高層ビル「ブルジュ・ドバイ（ドバイの塔）」を建設中でしたが、アブダビの資金融資によって苦境を脱したことから、感謝としてタワーの名前を「ブルジュ・ハリファ」と変更しました。「ハリファ」とは、資金を融資してくれたアブダビの首長ハリファ・ビン・ザーイド・アル・ナヒヤーンの名前でした。

イスラエルと国交を結ぶ

2020年、UAEの外交方針の変更が中東を揺らしました。アラブの一員としてイスラエルの存在を認めていなかったUAEが、アメリカの仲介で国交を結んだからです。

イスラエルはIT産業を中心に経済が発展しています。UAEは、このイスラエルの高度な技術力が魅力だったのです。

エミレーツ航空はイスラエル直行便を一日3便も飛ばしています。両国の貿易額も伸びています。

これまでUAEは、パレスチナを支援する立場からイスラエルを承認していませんでした。パスポートにイスラエル入国のスタンプがあると、入国できなかったのです。

このため私がイスラエルに入国するときは、入国管理官に「ノー・スタンプ・プリーズ（スタンプを押さないで）」と頼んでいました。それが、イスラエルのスタンプがあっても入国できるようになったのです。

このUAEの方針変更は、パレスチナから見れば、裏切りでした。これまでアラブ諸国は、パレスチナの同胞を支援することが「アラブの大義」と主張していたからです。UAEは、「アラブの大義」より自国の経済的利益を優先したというわけです。

このUAEの方針変更に続き、サウジアラビアもイスラエルと国交を結ぶのではないかとの観測が流れます。これに焦ったパレスチナのイスラム組織ハマスがイスラエルを攻撃したのではないかと見られています。事実、イスラエルとの国交正常化交渉を始めていたサウジアラビアは、イスラエルがガザ地区への容赦ない攻撃を始めて以来、交渉を中断しています。

UAEの方針変更が、もしハマスのイスラエル攻撃につながったとしたら悲しいことです。

しかし、これまで中東の歴史を見てきますと、石油の存在が、しばしば戦争や紛争の原因になっていますが、石油に頼らない国造りが極めて有効だということがわかります。さらに、その時々の指導者の能力によって、開発の軌道が大きく変わることもわかります。これがドバイの教訓です。

UAE情勢を理解するためのきほん

- □ UAEは、7つの首長国による連合国家。首長とは、イスラム世界では国王の次の位を意味し、それぞれの国で絶対的な権威。
- □ UAEの大統領はアブダビの首長、副大統領兼首相はドバイの首長が世襲的に任命されている。政党の結党は禁止されている。
- □ UAEは、アブダビとドバイがライバルとなって経済発展した。ドバイ・ショックの際は、アブダビがドバイに融資をしたことで、沈静化した。
- □ 2020年、これまでアラブの一員としてイスラエルの存在を認めていなかったUAEがイスラエルと国交を結び、中東に衝撃を与えた。

第7章

「我々がイスラエルとハマスを仲介しているのだ」

アメリカもハマスも受け入れる独自路線のカタール

我々は、イスラエルともハマスとも良好な関係にある。米軍の駐留も認め、アメリカがアフガニスタンから撤退する際は、我が国でタリバンと交渉したのだ。衛星放送「アルジャジーラ」も我が国にあり、中東の視点でニュースを伝えている。

カタールの仲介で、人質の一部が解放された

2023年10月にパレスチナのイスラム組織ハマスがイスラエルを襲撃し、イスラエル人多数を人質に取った事件で、ハマスがカタールの仲介を受け入れて、人質の一部を解放しました。このときハマスがカタールに拠点を置いていることを初めて知って驚いた人もいることでしょう。

また、世界から人権問題を指摘されているアフガニスタンのタリバンの事務所の設置も認め、米軍がアフガニスタンから撤退する際、アメリカ政府はカタールでタリバンと交渉をしていました。

その一方で、実はカタールには米軍基地もあるのです。ハマスとも米軍とも良好な関係にあるカタール。いったいどんな国なのでしょうか。

湾岸諸国の中で独自路線を歩む

カタールは、アラビア半島北東部からペルシャ湾（アラブ諸国はアラビア湾だと主張）に突き出す形のカタール半島が領土です。首都は国民の8割以上が

住むドーハで、国土の大部分は平坦な低地の砂漠です。面積は日本の秋田県程度。ここに約300万人が住んでいます。

ただし、この人口には出稼ぎ労働者の数も含まれています。カタール国籍の人は約一割に過ぎません。建設労働者はインド人、タクシー運転手はパキスタン人、サービス産業はフィリピン人やネパール人が従事しています。これは他の湾岸諸国と同様で、外国人労働者によって支えられているのです。

かつてはオスマン帝国の支配を受けていましたが、第一次世界大戦でオスマン帝国はイギリスに敗北。以後はイギリスの保護領になっていましたが、1971年に独立を果たしました。保護領とは、外交や財政、軍事などを宗主国が握り、その保護を受けている領域のことです。

現在のトップはタミーム・ビン・ハマド・アール・サーニ首長です。立法、行政、司法の三権を支配しています。首相は存在しますが、首長が任命します。

第6章で取り上げたように、ひとつひとつは小さな首長国が、単独では独立を維持できないと考えて、1971年にUAEが成立しました。当初はカタールとバーレーンもUAEの一部となる構想が進んでいたのですが、両国とも天然ガスや石油の生産が順調だったことから、独自の道を選択しました。結果、小さな面積の独立国が誕生しました。

カタールは天然ガス埋蔵量が世界三位という資源に恵まれた国家です。日本国内でも市町村合併が進む一方で、大企業の本社があって多額の法人住民税が入ってくる市町村は他の自治体と合併せずに独立を維持しているのと構造が似ています。

UAEがエミレーツ航空とエティハド航空を持っているように、カタールもカタール航空を設立。世界80以上の国への路線を持ち、UAEの2社と競争しています。私も乗ったことがあります。機内は豪華で、ドーハ空港も広大でした。

米軍基地を受け入れる全方位外交

カタールがユニークなのは、イスラム教を国教としたアラブ諸国であると共に、アメリカ中央軍の駐留を認め、首都ドーハの近郊にアッサイリヤ基地が存在し、兵士1万人がいることです。

米軍は世界を7つの地域に分割して、それぞれを担当する司令部を置いています。中東やアフリカを担当する「中央軍」は、司令部こそアメリカ本土のフロリダ州タンパにありますが、第二の司令部がカタールに置かれています。米軍がアフガニスタンやイラクを攻撃した際、この司令部が指揮を執りました。

カタールは資源が豊富な小国。ということは、周辺の大国から狙われやすい条件を備えています。人口も僅かなので、軍隊を強大にするわけにもいきません。米軍基地を受け入れることで、いわば米軍に守ってもらう構造になっています。米軍をガードマンにしていると考えると、実にしたたかです。

その一方で、アフガニスタンのタリバンやガザ地区のイスラム組織ハマスの事務所の存在も認めていることで、「アメリカ寄り」というイメージを薄め、イスラム圏から敵意を持たれないようにしているのです。

さらに早くからイスラエルともパイプを持ち、1990年代からイスラエルの貿易事務所の開設を認めています。イスラエルと経済関係を築いてきたのです。

衛星放送「アルジャジーラ」創設

カタールが小国ながら中東で存在感を維持できているのは、衛星放送「アルジャジーラ」を抱えているからです。同局はアラビア語と英語でニュースを24時間放送しています。アラビア語放送はスポーツチャンネルも擁し、中東で人気のサッカーの試合を放送しています。

私はドーハの本社を取材したことがあります。アラビア語放送と英語放送は、同じ敷地内の別々の建物で制作・放送されています。

アラビア語放送の担当はアラブ人のイスラム教徒が主力なので、ラマダンには断食を守りながら仕事をしていますが、英語放送にはイスラム教徒が少なく、ラマダン期間中でもレストランをカーテンで隠しながら営業していました。

中東の放送局の女性キャスターの多くは、髪をヒジャブで隠してテレビに登場しますが、アルジャジーラの女性たちはヒジャブをかぶらずに登場して、中東世界に衝撃を与えました。

ただし、最近はヒジャブをかぶった女性たちも目立っています。

同局のスローガンは、「一つの意見があれば、もう一つの意見がある（The Opinion and the Other Opinion）」です。世界各地の衛星放送が、たとえばCNNのように欧米の視点で制作・放送されているのに対し、中東の立場から別の視点を伝えることを重視しています。

アルジャジーラの「アル」はアラビア語の定冠詞で、「ジャジーラ」は半島を意味します。中東で半島というと、一般にはアラビア半島を指しますが、私がアルジャジーラ本社で確認したところ、この半島とはカタール半島のことでした。

アルジャジーラが設立されたきっかけは、イギリスの公共放送BBCとサウジアラビアの企業との合同で開始された衛星放送が挫折したことでした。

ＢＢＣは世界各国の言語で放送していて、アラビア語放送の開始も計画。１９９４年にサウジアラビアの企業の出資で放送を開始しました。

ところがＢＢＣは報道の自由を大切しますから、サウジアラビアの人権問題を批判的に伝える内容の放送もします。このため１９９６年にサウジ側が離脱。ＢＢＣはアラビア語放送ができなくなりました。

その結果、ＢＢＣ流の報道の自由を叩き込まれた多数のジャーナリストが失職しました。

これを見た当時のカタールのハマド・ビン・ハリーファ・アール・サーニ首長（現在の首長の父親）は、アラビア語放送を始める好機と考え、ポケットマネーで放送局を設立。失職したジャーナリストたちを雇用して、アルジャジーラを始めました。

なお、その後ＢＢＣも独自にアラビア語放送を開始しています。

ビンラディンのメッセージを独占放送した「中東のCNN」

アルジャジーラの存在が世界に知れ渡ったのは、2001年にアメリカがアフガニスタンを攻撃したのがきっかけです。当時アフガニスタンには欧米のメディアが駐在しておらず、唯一支局のあったアルジャジーラが現地の様子を中継しました。

また、2001年9月11日にアメリカ同時多発テロを指揮したオサマ・ビンラディンのビデオメッセージを独占放送したのです。ビンラディンというテロリストの一方的な主張を放送したことは、欧米から強い批判を受けましたが、まさに「もう一つの意見」を紹介したのです。

この何者をも恐れぬ欧米流の放送で、アルジャジーラは「中東のCNN」と呼ばれるようになりました。

とりわけ2003年にアメリカがイラクを攻撃すると、どうしても米軍側から取材・報道することになるCNNに対し、爆撃を受ける側のイラク国内から多くの市民が犠牲になっている状況を放送しました。

このとき米軍が発射したミサイルがアルジャジーラのバグダッド支局を直撃し、特派員が死亡しています。米軍は「誤射だった」と弁解していますが、現地では「イラクの惨状を伝えられたくなかった米軍の意図的な攻撃ではないか」と言われたものです。

アルジャジーラは中東各地に支局を設立し、さまざまな紛争や戦争を取材していることから、多くのスタッフを失っています。私がアルジャジーラ本社を取材したときには、玄関の脇に殉職したスタッフが着用していた防弾チョッキなどが展示されていました。

「アラブの春」を精力的に報道

アルジャジーラは、2010年から2012年にかけてアラブ世界で盛り上がった民主化運動「アラブの春」を精力的に報道しました。

一般に「アラブの春」はSNSによって盛り上がったとされています。民主化運動の中心になった若者たちがSNSを駆使して運動を盛り上げたからです。

それはそうなのですが、当時スマホを持って使いこなしていたのは都市部の若者たちでした。それがアラブ世界全体に拡大したのは、アルジャジーラが積極的に報道したからです。

衛星放送ですから、国境を越えて電波が届きます。アラビア語放送ですから、読み書きができない庶民にも理解できます。結果、「アラブの春」を支援したのです。

ただし、そこにはカタール政府の思惑もあったという指摘があります。当時のカタールは、アラブ諸国の反政府運動を財政的に支援したと指摘されています。アラブ世界を民主化したかったからか、それともカタールの影響力を拡大したかったからなのか。

いずれにしても、アルジャジーラの報道は、そんなカタール政府の思惑に沿ったものでもありました。

また、アルジャジーラは中東諸国の政治体制の腐敗や人権侵害を容赦なく報道しますが、カタール国内の事情は一切報道しないという批判があります。以前はサウジアラビアの人権侵害も報道していましたが、怒ったサウジアラビア政府がアルジャジーラにCMを出している企業にCMを出稿しないように圧力をかけたとされ、現在はサウジアラビアを刺激するような報道をしていないようにも見えます。

イスラエルから弾圧受ける

報道の自由がない中東各国から敢然《かんぜん》と報道をするアルジャジーラの姿勢を面白く思わない独裁国家からは取材を拒否されたり、特派員が追放されたりしています。衝撃的だったのは、2024年5月、イスラエルの支局が閉鎖されたことです。

イスラエルがパレスチナ自治区ガザのハマスに対して攻撃を開始して以来、ガザ地区に駐在するアルジャジーラの記者やカメラマンは、被害を受ける住民の悲惨な映像を世界に発信してきました。

これを面白く思わないイスラエルのネタニヤフ首相が、イスラエル国内でのアルジャジーラの活動を認めないと宣言。イスラエルの国会も、これを追認し、「国家安全保障を脅かす外国メディアの閉鎖を認める法案」を可決しました。

イスラエルは中東で唯一の民主国家とされてきましたが、自国の戦争推進に影響が出るとなると、報道の自由が認められなくなってしまったのです。

国会の決議を受けて同年5月、エルサレムのホテル内に置かれていたアルジャジーラの支局は閉鎖され、機材は押収されました。さらに9月には、パレスチナ自治区のヨルダン川西岸地区のラマラにあった支局もイスラエル軍によって閉鎖されました。このときアルジャジーラは、支局内に突入してきたイスラエル軍の様子を生中継して、ジャーナリスト精神を見せました。

これからもアルジャジーラの報道に注目です。

カタール情勢を理解するためのきほん

- カタールは資源が豊富な小国。米軍基地を受け入れることで、米軍に守ってもらう構造になっている。
- ハマスやタリバンの事務所も受け入れていることで、「アメリカ寄り」というイメージを薄めている。イスラエルとも経済関係を築いており、全方位外交を展開している。
- 前首長のポケットマネーで衛星放送「アルジャジーラ」を設立。アメリカのアフガニスタン攻撃やイラク攻撃、「アラブの春」などを現地から報道している。
- 2024年、イスラエルは同国内やパレスチナ自治区のアルジャジーラの支局を閉鎖した。

第8章

「オスマン帝国の栄光よ再び」

イスラム化が進む中東の要衝《ようしょう》トルコ

我々のオスマン帝国は、イスラムの大帝国だった。
14世紀から20世紀初頭まで長きにわたり繁栄した。
我が国は、ヨーロッパとアジアの間に位置し、
現在もアメリカやロシアにとって重要な国なのだ。

なぜ日本にクルド人が大勢いるのか

埼玉県の川口市や蕨《わらび》市に多くのクルド人が住むようになり、生活習慣の違いや言語が通じないことなどから地元の人たちとの軋轢《あつれき》がニュースになるようになりました。「クルド人は出ていけ」などというヘイトスピーチも目立つようになりました。このうち蕨市はクルド人が多いので「ワラビスタン」などと揶《や》揄《ゆ》されることもあります。

クルド人とは民族名。国籍は多くがトルコです。日本に在留するトルコ国籍の人は約6000人、そのうちの約2000人程度がクルド人と見られています。なぜクルド人が大勢暮らすようになったのでしょうか。そこにはトルコにおけるクルド人の地位が関係しています。

そもそもクルド人とはオスマン帝国時代にクルディスタン（クルド人の土地）と呼ばれていた山岳地域に住んでいたクルド語を話す人々です。オスマン帝国崩壊後、クルディスタンの土地は、そこに住んでいた人たちの意思に関係なくトルコやイラク、イランなどに分割されました。その結果、この地に住む約3000万人は「国を持たない最大の民族」と呼ばれています。

各国に分割されてしまったクルド人たちは、それぞれの国では少数民族となり、「自分たちの国を持ちたい」と行動するため、各国で「分裂主義者」とみなされて弾圧を受けてきました。

それでもイラク北部には「クルド人自治区」が作られ、国家として機能するようになりましたが、トルコでは長らく民族とはみなされず、「山岳トルコ人」と呼ばれて差別を受けてきました。トルコがEU（欧州連合）加盟を望むようになってからは、EUから「クルド人の存在を認めよ」との圧力を受け、存在が認められるようになりましたが、いまも差別を受け、独立を主張する勢力はトルコ政府から「テロリスト」との扱いを受けています。

このため、先に来日していた親族を頼って多くのトルコ国籍のクルド人が来日、「トルコに帰国すると迫害を受ける」として日本で難民申請しました。当初は入管施設に収容されていましたが、長期間にわたると人権問題になるため、仮放免されている人たちが多いのです。

クルド人たちの迫害の歴史は新生トルコの歴史でもありました。オスマン帝国の歴史から振り返ってみましょう。

イスラムの大帝国だったオスマン帝国

オスマン帝国は、かつては学校で「オスマン＝トルコ」と習いましたが、現在の教科書では「オスマン帝国」となっています。この帝国は広大な面積を支配し、トルコ人の国家ではなく多民族国家になっていたという研究の成果です。

イスラム教スンニ派の国家として西アジアばかりでなくバルカン半島から地中海地方の広範囲に領土を広めました。ただし、領土内のユダヤ人やキリスト教徒に改宗を強制することはなく、税金を納めれば信教の自由が保障されていたのです。この寛容さが、14世紀から20世紀初頭まで存続できた大きな理由でした。

この帝国は君主であるスルタンがイスラム教スンニ派の指導者カリフ（ムハンマドの後継者）の地位を兼ねる体制をとり、16世紀にはイスラム世界の盟主となりました。

しかし、近代化に後れをとり、第一次世界大戦でドイツと同盟を結んだものの、イギリスやフランスに敗れ、1922年に滅亡しました。スルタン制度も廃止され、カリフの存在も1924年に廃止されました。ただ、イスラム世界では、いまもマレーシアのようにスルタン制度を採用している国があります。また、過激派がカリフを僭称《せんしょう》する（勝手に名乗る）ことも起きています。

第一次世界大戦でオスマン帝国を破るためにイギリスが三枚舌外交を展開したため、現在の中東の混迷をもたらしたことは、第1章で述べた通りです。

領域最大時のオスマン帝国

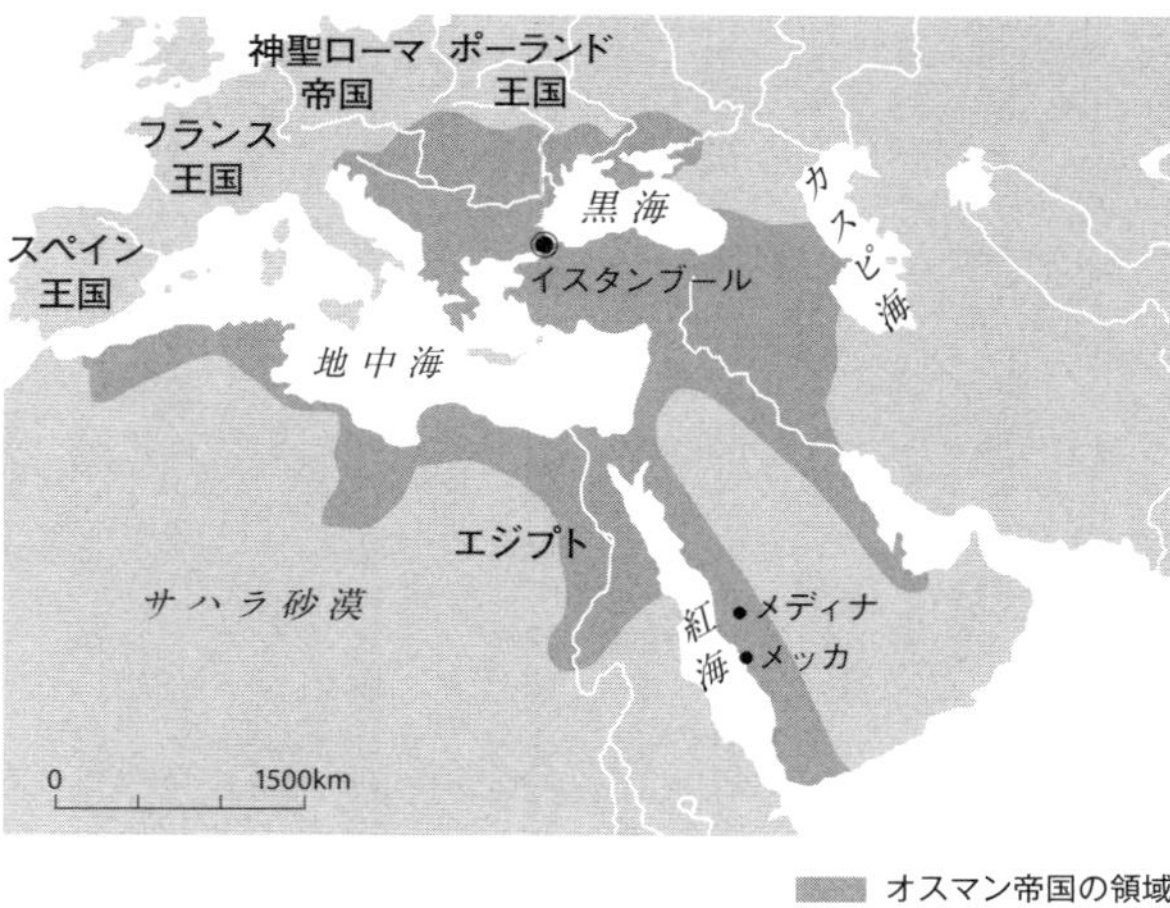

14世紀から20世紀初頭まで存続したオスマン帝国。
15世紀にコンスタンティノープル（現在のイスタンブール）を陥落し、東ローマ帝国（ビザンツ帝国）を滅ぼした。16～17世紀にかけて、その領域を最大とした。

参考：『グローバルワイド　最新世界史図表　新版』（第一学習社）

コラム　エルトゥール号の恩返し

日本とトルコが良好な関係を築くきっかけになった事件が「エルトゥールル号遭難事件」です。１８９０年（明治23年）9月、日本を訪問したオスマン帝国の軍艦「エルトゥールル号」が、オスマン帝国に帰還途中、台風による強風にあおられて現在の和歌山県東《ひがし》牟《む》婁《ろ》郡串本町の海岸沿いで遭難し、５００人以上の犠牲者を出しました。

事故を知った地元の住民が総出で救出活動を行い、69人が救出されました。彼らはその後、日本の軍艦でオスマン帝国に送り返されました。これは現地で美談として大きく報道され、一時はトルコの教科書に記載されていたこともあります。この出来事が、その後、思わぬ展開を見せました。

１９８５年3月、イランと戦争をしていたイラクは、「48時間後、イラン上空の航空機を民間機も含めて無差別に攻撃する」と宣言します。

このときイランには２００人以上の日本人が取り残されていましたが、トルコは日本人を救出するためにトルコ航空機を派遣。無事に救出された日本人たちが、トルコ航空の乗務員に感謝を述べたところ、乗務員は「エルトゥールル号の恩返しです」と言ったというのです。

ケマル・アタチュルクが新生トルコを建国

オスマン帝国が滅亡した後、面積は小さくなったものの、新生のトルコ共和国として再建されます。これを指導したのがトルコ軍の英雄だったケマル・アタチュルクでした。

彼はイスラム国家としてアラビア文字を使用していたことが後れをとったと考え、西欧化させるために、トルコ語の表記をラテン文字（いわゆるアルファベット）に変更するという大改革を実施します。

それまで右から左に書くアラビア文字を、左から右に表記するラテン文字に転換させる革命的な表記改革によって、いったんはトルコの国民の大半が文字を読み書きできなくなるという事態に陥りました。

また、彼はイスラム教の政教一致の体制が後れをとった理由と考え、徹底した政教分離を進めます。イスラム教徒の女性はスカーフやヒジャブで髪を隠すのが一般的ですが、公の場で女性が髪を隠すことが禁じられるという徹底ぶりでした。

しかし、急激な西欧化が進むと、貧富の格差が広がり、イスラムへの復帰を求める国民の意識が高まります。かつてイランで起きたのと同じような状況になったのです。

トルコ共和国の建国の父ケマル・アタチュルクは、「トルコはヨーロッパになるべきだ」として西欧化を進めてきました。そのアタチュルクの理想を実現するのがEUへの加盟でした。1999年にEU加盟候補になりましたが、その後、レジェップ・タイイップ・エルドアンが進める急速なイスラム化に懸念を持つEU諸国によって、加盟交渉は進んでいません。

イスラム化を進めるエルドアン

エルドアンはイスラム政党の公正発展党を組織し、2003年の総選挙で政権を掌握すると、夜間のアルコール販売を規制したり、公の場所に妻がスカーフをかぶって登場したりするなどイスラム化を進めます。本来の国是である政教分離をなし崩しにしていきます。それが、保守的なイスラム教徒から支持され、盤石な政治基盤を作り上げるのです。

そもそもトルコ共和国は首相が政治的実権を持ち、大統領は象徴的な国家元首でした。しかし、首相になったエルドアンは、憲法を改正して大統領を政治的実権を持った存在にし、２０１４年、自らが大統領に就任してしまいます。彼は、儀仗《ぎじょう》兵（儀礼や式典時などに立ち並ぶ兵士）にオスマン帝国時代の兵装を復活させるなど、かつてのオスマン帝国の栄光よ再びという野心を見せるようになります。

一方、トルコ軍はアタチュルクの教えを堅守し、政教分離の原則を守ることを任務と考えてきました。このためエルドアンが進めるイスラム化に危機感を抱いた軍の一部が、２０１６年にクーデターを企て、エルドアンの独裁を阻止しようとしますが、失敗。エルドアンはクーデターに関わったとして多数の軍の幹部や公務員を逮捕し、独裁化に反対する人間を一掃。一気に独裁化に拍車をかけます。エルドアンを批判していた報道関係者も多数が獄中に放り込まれました。

クルド人組織を弾圧

次第に独裁化を強めるエルドアンにトルコ国内で反発が強まり、2015年にはクルド人組織の「クルディスタン労働者党」（PKK）が独立を求め、トルコ軍と戦闘状態になります。

これ以降、エルドアンはPKKではないクルド人への迫害も強め、多くのクルド人が国外に逃げ出すようになります。ドイツなどヨーロッパに逃げたクルド人が多かったのですが、日本に逃げ込んできた人たちもいるのです。

世界遺産アヤソフィアをモスク化

エルドアン大統領によるイスラム化は続きます。2020年、エルドアン大統領は、博物館として公開されていたイスタンブールのアヤソフィアを宗教施設であるモスクとして使用すると宣言したのです。

アヤソフィアは、東ローマ帝国時代に創建されたキリスト教の本山のひとつでしたが、1453年、オスマン帝国に征服されてからモスクに転用されました。

もともとキリスト教の教会だったものが、その後、モスクになったことで、同じ施設の中にキリスト教の宗教画とイスラム教の『コーラン（クルアーン）』の文字が並ぶというユニークな施設で世界遺産になっています。

オスマン帝国崩壊後に政教分離を進めたケマル・アタチュルクは、1935年にモスクとして使用することをやめて博物館にしました。その結果、誰でも観光できる施設になっていました。このような歴史的経緯のあるところを、再びモスクとして使用する決断は世界を驚かせました。モスクとしてイスラム教徒の祈りの場にされましたが、祈りの時間以外は、これまで通りに観光客に公開されています。

コラム　キプロス紛争

かつてオスマン帝国は東ローマ帝国の首都コンスタンティノープルを攻略して占領。イスタンブールと変えてしまいます。コンスタンティノープルはギリシャ正教の中心でしたから、これ以降、ギリシャ人とトルコ人は対立するようになります。

トルコの南の地中海上に浮かぶキプロス島は、1960年にイギリスから独立しましたが、約20％のトルコ系住民が住んでいました。1974年、ギリシャの軍事政権がキプロスに介入したことに反発したトルコ共和国が出兵、北キプロスを占領してキプロス紛争が始まり、1983年には一方的に「北キプロス・トルコ共和国」として独立を宣言します。

しかし、北キプロスはトルコ以外の国に承認されていません。一方のキプロスは国連にもEUにも加盟を果たしています。キプロスの首都ニコシアは南北に分断され、国連のPKO（平和維持軍）が間に駐留しています。

私がニコシアに取材に入ったところ、「世界で唯一分断された首都」というのがキャッチフレーズになっていました。ベルリンが統合された後、ここだけが残っているというわけです。

南北統合の話し合いは断続的に続いていますが、いまも解決していません。古代以来のトルコとギリシャの対立が、現在もキプロス紛争として続いているのです。

トルコはロシア寄りに

トルコの位置はヨーロッパとアジアの間という絶妙な場所にあります。領土は、ボスポラス海峡にまたがり、西はヨーロッパ、東はアジアに属しています。国民の大多数はイスラム教徒ながら、親米国家としてアメリカが主導するNATO（北大西洋条約機構）に加盟。アメリカ軍基地を受け入れてきました。東西冷戦時代、ソ連の存在が脅威だったからです。

ところが、トルコとアメリカは、微妙な関係にあります。きっかけは2016年に起きたクーデター事件でした。エルドアン大統領は、「クーデターの黒幕」と主張するアメリカ在住のイスラム組織指導者のフェトフッラー・ギュレン師の引き渡しを要求しました。これに対してアメリカは、十分な証拠がないとして拒否。関係の悪化が始まっていました。

さらにシリア内戦の対応をめぐっても関係が悪化しました。第4章でも触れたように、アメリカはシリア国内のIS（イスラム国）を掃討《そうとう》するため、シリア国内のクルド人民兵勢力に武器を渡して支援をしてきました。その結果、多くのクルド人民兵の犠牲を払ってISを弱体化させることに成功しました。

ところが、このクルド人勢力をトルコのエルドアン政権は目の敵にしています。トルコ国内で独立運動をしているクルド人勢力とつながっていると考えているからです。アメリカによるクルド人民兵支援にエルドアン政権は猛烈に反発しました。

さらにエルドアン大統領はパレスチナ問題で、同じイスラム教徒であるパレスチナ側を支持。イスラエルを厳しく批判するようになっています。これが、イスラエルと親密な関係にあるアメリカには不愉快なのです。

アメリカという同盟国との関係が悪化すれば、アメリカを牽制するためにアメリカと敵対する国に接近する。これは国際関係ではよくあること。エルドアン政権は、急速にロシア寄りに傾斜しています。ロシアと対立してきたＮＡＴＯに加盟していながら、ロシアから最新の地対空ミサイル（地上から発射し、航空機などを攻撃するミサイル）を購入することを決めたのです。

一方、トルコは黒海につながるボスポラス海峡を擁することから、ロシアによるウクライナへの軍事侵攻に対して、仲介しようとする動きも見せています。中東の要衝に位置するからこそ、トルコの存在が脚光を浴びているのです。

トルコ情勢を理解するためのきほん

- □ オスマン帝国は、西アジアから、バルカン半島・地中海地方まで広範囲に領土を広げた。イスラム教の国家だったが、ユダヤ人やキリスト教徒は、税金を納めれば信教の自由が保障されていた。
- □ オスマン帝国が1922年に滅亡した後、ケマル・アタチュルクが中心となり現在のトルコが建国された。アタチュルクは、徹底した政教分離と西欧化を進めた。
- □ 2002年に、エルドアンが政権を握り、急速なイスラム化を進めている。軍のクーデターをきっかけに、独裁化に拍車がかかり、クルド人への弾圧も強めている。
- □ トルコは、冷戦時代にNATOに加盟し、アメリカ軍基地を受け入れてきた。ただ、現在はアメリカを牽制し、ロシア寄りになってきている。

おわりに　アメリカから見た中東

２０２３年12月、イスラエルがパレスチナ自治区のガザを攻撃して多数の住民が死傷していることに対し、アメリカ各地の名門大学で学生たちの抗議行動が活発になりました。これを受けて、連邦議会下院で公聴会が開かれました。出席したペンシルベニア大学とハーバード大学、マサチューセッツ工科大学の学長が、「学内の抗議行動をなぜ黙認するのか」と共和党議員の厳しい追及を受けました。

この中で議員から「ユダヤ人のジェノサイドを呼びかけることは、あなた方の大学では、いじめや嫌がらせを禁止する学則違反に該当するか」との質問を受けると、学長たちは「ユダヤ人差別はおぞましいことだ」と強調したうえで、個別の発言が学則違反にあたるかどうかは発言の「文脈による」と答えました。

（「BBC日本版」2023年12月10日）

ところが、この発言が激しく批判され、ペンシルベニア大学の学長は辞任に追い込まれました。その後、ハーバード大学の学長も辞任しました。

アメリカの大学に言論の自由はないのか

学生たちの発言が問題かどうかは「文脈による」というのは、当たり前の発言です。学生たちはイスラエル軍の攻撃を問題にしているのに、共和党の議員は、それを「ユダヤ人のジェノサイドを呼びかけることだ」と決めつけています。ごく当然の発言が追及されて、学長は辞任に追い込まれたのです。アメリカに言論の自由や表現の自由はないのかと驚いてしまいます。

またコロンビア大学では、学生たちが大学の姿勢に抗議して校舎を占拠すると、大学は警察の出動を要請し、100人を超える学生が逮捕されました。

学生たちの主張は、「大学は親イスラエルの企業に投資をするな」「イスラエル軍が使う武器や兵器を製造している軍需産業に投資するのはやめろ」「親イスラエルの企業や個人から寄付を受けるのをやめろ」というものでした。

というのも、アメリカには国立大学はありません。州立大学はありますが、コロンビア大学やハーバード大学などは、みんな私立大学。新たな施設を建設したり、優秀な先生たちを高額の報酬で呼んだりするためには多額のお金がかかるため、卒業生などから寄付を募り、そのお金を基金として積み立て、さまざまな企業への投資をしています。つまり株を購入したり、投資信託に資金をつぎ込んだりしているのです。それがイスラエル系の企業に流れているというのです。

たとえばコロンビア大学は、１４０億ドルの基金を持っています。１ドル１４６円で計算すると2兆４４０億円です。

同じく名門のエール大学は３１２億ドル。日本円で4兆５５５２億円です。これだけの資金を運用しているのですから、学生たちは、大学の資金を人殺しの手伝いに使わないでくれと言っているのです。

アメリカのユダヤ人たちの影響力

一方、大学にとっては卒業生からの寄付が頼り。金持ちのユダヤ人の卒業生からの寄付が多く、ユダヤ人たちを怒らせたくありません。学生たちが反イスラエルの抗議行動を始めると、「学生たちの抗議行動を止めなければ寄付をやめる」と宣言した金持ちの卒業生のユダヤ人たちが出てきました。

そこで大学としては、反イスラエルの主張をしている学生たちを「反ユダヤ主義だ」と言って追放しようとしたのです。反イスラエルがイコール反ユダヤ主義ではないのですが、議会の共和党議員たちから追及を受けると、この論理で学生たちの行動を抑え込もうとしたのです。

アメリカの大学も本来は学問の自由、表現の自由を大切にしているという建前を持っていますから、単に反イスラエルということであれば言論の自由の範囲内。大学として止めさせる大義名分はありません。でも、「反ユダヤ主義」と決めつければ、これは止めなければならないと言えるというわけです。

アメリカでユダヤ人たちがいかに大きな影響力を持っているかがわかります。

学生たちは、ジョー・バイデン大統領がイスラエルに対する支援を中止していないことにも怒っていました。その後、民主党の大統領候補はカマラ・ハリスになり、彼女はさすがに学生たちの怒りを受けて、人道的な立場で対処すると言わざるを得ませんが、イスラエルに対する支援を止めるわけではありません。そもそもハリスの夫はユダヤ人です。

これに怒ったのがアラブ系アメリカ人です。これまで彼らは民主党を支持してきたのですが、バイデンやハリスがイスラエル支援を止めないことに怒り、「ハリスに投票するな」という運動を展開しました。ハリスに投票しなければイスラエルべったりのトランプ当選につながるのは明らかなのに「民主党に教訓を与える」と言って、第三党の「緑の党」に投票したのです。

アメリカが、なぜイスラエルを支援してきたかは、これまでの本文でおわかりいただけると思いますが、いわゆるＺ世代の若者たちには、イスラエルに対する贖罪意識はありません。それどころか、ＳＮＳで飛び込んでくるガザの母子の悲惨な映像を見て、心を痛めているのです。

ネタニヤフを止められないアメリカ

アメリカは伝統的に共和党も民主党もイスラエルを支援してきましたが、ネタニヤフ政権によるガザやレバノン南部への攻撃は目に余るものがあります。従来の民主党政権であれば、イスラエルに圧力をかけて停戦など軍事行動を抑制させることができたはずですが、いまやネタニヤフ政権はアメリカの言うことを聞こうとはしません。アメリカの中東での存在感が薄れていることがわかります。

かつてのアメリカは、中東で強大な力を維持してきました。アメリカが、それをしてきたのも、中東の石油や天然ガスの確保が、アメリカ経済にとって死活的に重要だったからです。

しかし、2000年代後半の「シェール革命」によって、アメリカは世界最大の産油国になりました。以前ほど中東の石油に頼らなくてもよくなったのです。

「シェール革命」で中東の地位が低下

　すると現金なものです。中東への関心が急激に薄れてしまったのです。中東に強大な軍隊を維持することは莫大な資金がかかります。これまでは石油や天然ガスを確保するために必要な維持費と考えてきたのですが、その費用が負担になってしまったのです。

　アメリカの「シェール革命」とは、従来の石油や天然ガスとは異なる「シェール層」（頁岩《けつがん》層）に存在する石油や天然ガスを採取する技術を開発し、多量の資源が確保できるようになったことです。

　国内に豊富な資源が確保できるのだから、わざわざ中東の平和維持に多額の資金をつぎ込む必要はないというわけです。

　もちろん中東でもイスラエルは、アメリカにとって特別な存在です。イスラエルの安全保障のためには費用を惜しまないけれど、それ以外は、極端なことを言えばどうでもいいのです。トランプ氏の「アメリカ・ファースト」とは、そのことでもあります。

アメリカが中東への関心を低下させている理由は、もうひとつあります。

それは、米軍が中東で大規模な戦闘を展開させるだけの能力を失ってしまったことです。かつてオバマ大統領が、「アメリカは、もはや世界の警察官ではない」と発言したことは、それを象徴しています。

ブッシュのイラク攻撃が米軍弱体化に

米軍が弱体化した大きな理由は、ジョージ・W・ブッシュ（息子）大統領のアフガニスタン攻撃とイラク攻撃でした。

第6章で触れたように、イラク攻撃では、占領した後の具体的な再建計画もなく、イラク国内は内戦状態となるなど大混乱。米軍兵士にも多くの犠牲者が出ました。米軍は、すっかり弱体化してしまいました。

イラクが内戦状態となる混乱の中からIS（イスラム国）が生まれ、極めて凶暴な手法で領土を拡大しました。かつてのアメリカであれば、大規模な米軍兵士の投入によってISを抑え込んだはずですが、オバマ大統領は、米軍兵士に犠牲が出ることを恐れ、クルド人民兵に資金や武器を与えて戦わせたのです。いわば代理戦争です。

中東各国には、「何かあっても米軍は出動しないのだな」という印象を与えてしまいました。これでは発言力が低下します。

それでもアメリカは、中東各地に軍隊を展開していますし、域内で反米テロ組織が米軍基地に対してテロを実行すると、直ちに反撃できるだけの能力をかろうじて維持していますが。

イラン、「抵抗の枢軸」を組織

アメリカの力が弱まったところを見計らうかのように、反米国家イランは、ハマスやヒズボラ、フーシ派を支援して、イラン言うところの「抵抗の枢軸」を形成しています。聖地エルサレムを占領しているイスラエル、そしてそれを支援しているアメリカへの「抵抗」を築きあげるというわけです。

考えてみると、もともとイランを反米国家に追いやったのは、アメリカによる勝手な論理でした。その後始末に追われているとも言えるのです。

それでもハマスやヒズボラ、フーシ派は、現実に存在する脅威です。この脅威をどうすれば取り除くことができるのか。現在のイスラエルのように「目には目を」流の軍事行動一本槍では、憎しみの負の連鎖が続くばかりです。いまこそ中東全体を見渡した雄渾《ゆうこん》な青写真が求められているのですが、それを実現できる国が存在しない。それが現実なのです。

日本は石破内閣が発足し、直ちに総選挙に打って出ましたが政権基盤は弱いままです。

一方で、アメリカはドナルド・トランプが再選を果たしました。トランプのアメリカは、これからさまざまな要求を日本に突きつけてくるでしょう。親イスラエルのトランプは、中東でパレスチナに厳しい態度で臨む可能性も高まっています。

日本は、中東各国との関係は決して悪くはありません。パレスチナ支援も続けてきました。その日本はアメリカとパレスチナの間にあって、どのような行動に出るべきなのか。日本の存在価値が問われているのです。

2024年11月

ジャーナリスト　池上彰

参考・引用文献

・『聖書　新共同訳』日本聖書協会／１９８８年
・『コーラン（中）』井筒俊彦訳／岩波文庫／１９５８年
・『アンネの日記　増補新訂版』アンネ・フランク／深町眞理子訳／文春文庫／２００３年
・『〈中東〉の考え方』酒井啓子／講談社現代新書／２０１０年
・『パレスチナ問題』高橋和夫／放送大学教育振興会／２０１６年
・『天井のない監獄 ガザの声を聴け！』清田明宏／集英社新書／２０１９年
・『ユダヤ人は、いつユダヤ人になったのか バビロニア捕囚』長谷川修一／ＮＨＫ出版／２０２３年
・『知立国家 イスラエル』米山伸郎／文春新書／２０１７年
・『パレスチナ和平交渉の歴史 二国家解決と紛争の30年』阿部俊哉／みすず書房／２０２４年
・『ふしぎなキリスト教』橋爪大三郎×大澤真幸／講談社現代新書／２０１１年
・『ゼロからわかるキリスト教』佐藤優／新潮社／２０１６年
・『宗教国家アメリカのふしぎな論理』森本あんり／ＮＨＫ出版新書／２０１７年
・『第三世界の主役「中東」 日本人が知らない本当の国際情勢』石田和靖／ブックダム／２０２４年
・『中東の経済学』細井長／カンゼン／２０２４年
・『ドバイのまちづくり 地域開発の知恵と発想』佐野陽子／慶應義塾大学出版会／２００９年
・『湾岸産油国 レンティア国家のゆくえ』松尾昌樹／講談社選書メチエ／２０１０年
・『サウジアラビアを知るための63章 第2版』中村覚編著／明石書店／２０１５年
・『中東の絶望、そのリアル』リチャード・エンゲル著／冷泉彰彦訳／朝日新聞出版／２０１６年
・『パレスチナ詩集』マフムード・ダルウィーシュ著／四方田犬彦訳／ちくま文庫／２０２４年
・「『今日から米国第一』トランプ大統領演説全文」日本経済新聞電子版／２０１７年1月21日
・「『中間層立て直す』米大統領の就任演説 全文」日本経済新聞電子版／２０２１年1月21日
・「米名門大の学長辞任　学内の反ユダヤ発言の是非を『文脈次第』と下院で発言、非難浴びる」ＢＢＣ ＮＥＷＳ ＪＡＰＡＮ／２０２３年12月10日

デザイン　FROG KING STUDIO
地図・図表　岩田里香
校正　株式会社鷗来堂／斎藤覚
DTP　株式会社三協美術
編集協力　笠原仁子

池上 彰

いけがみ・あきら

1950年、長野県生まれ。73年にNHK入局。記者として、さまざまな事件、災害、教育問題、消費者問題などを担当する。94年から11年間にわたり「週刊こどもニュース」のお父さん役として活躍。2005年に独立。名城大学教授、東京科学大学特命教授など、5大学で教鞭をとる。著書に『歴史で読み解く! 世界情勢のきほん』『池上彰が見る分断アメリカ 民主主義の危機と内戦の予兆』「知らないと恥をかく世界の大問題」シリーズなど多数ある。また増田ユリヤ氏との共著に『歴史と宗教がわかる! 世界の歩き方』などがある。「池上彰と増田ユリヤのYouTube学園」でもニュースや歴史をわかりやすく解説している。

ポプラ新書
269
歴史で読み解く！
世界情勢のきほん　中東編
2024年12月9日　第1刷発行

著者
池上　彰
発行者
加藤裕樹
編集
近藤純
発行所
株式会社 ポプラ社
〒141-8210 東京都品川区西五反田 3-5-8 JR目黒 MARC ビル 12 階
一般書ホームページ www.webasta.jp
ブックデザイン
鈴木成一デザイン室
印刷・製本
TOPPAN クロレ株式会社

N.D.C.209　238P　18cm　ISBN978-4-591-18412-7

P8201269

歴史で読み解く！世界情勢のきほん

池上　彰

分断が深まるアメリカ、急成長しているIT大国インド、ウクライナへの侵攻を続けるロシア——歴史をおさえると、各国の思惑がよくわかる！　世界情勢を理解するうえでカギとなる主要8か国の歴史を解説しながら、各国の考え方をわかりやすく紹介。これからの世界を深く理解するための入門書です。